JN063655

IFRSを紐解く

内藤高雄　　大野智弘
　　　　　　　　　　　　編著
徳前元信　　吉岡正道

東京　森山書店　発行

執筆者一覧 <small>(章執筆順)</small>

吉岡　正道	東京理科大学経営学部嘱託教授	序　章 第 8 章
原田雄一郎	ハッピーサイエンスユニバーシティ経営成功学部 非常勤講師	第 1 章
大野　智弘	創価女子短期大学国際ビジネス学科教授	第 2 章
島崎　杉雄	国士舘大学経営学部講師	第 3 章
岡部　勝成	九州共立大学経済学部教授	第 4 章
仁木めぐみ	株式会社ジーエス・ユアサフィールディングス	第 5 章
内藤　高雄	杏林大学総合政策学部教授	第 6 章
梅田　勝利	九州共立大学経済学部教授	第 7 章
曽場　七恵	名古屋学院大学商学部講師	第 9 章
永岩　尊暢	大月市立大月短期大学経済科教授	第10章
野口　教子	高岡法科大学法学部 教授	第11章
柴崎　陽平	有限責任 あずさ監査法人 アカウンティング・アドバイザリー・サービス事業部 マネジャー　公認会計士	第12章
若林　恒行	若林税理士法人代表社員税理士	第13章
徳前　元信	福井県立大学経済学部 教授	終　章

は　し　が　き

　本書は,『IFRSを紐解く』として,その鍵となる概念や計算手続きを理解できるように,その「道しるべ」となるように意図された。

　経済のグローバル化・金融化・デジタル化が急激に進む中で,ここ最近でIFRSは圧倒的な存在感を示すようになってきた。人々は自分にはなじみがないものを不安がった。しかし,将来を考えるには,その実像なり全体像を理解することが肝要である。

　財務会計や財務報告を理解するうえで,IFRSはどのように見ていけば分かりやすいのかを視点に本書の執筆者は考えていった。計算例で実践的な知として涵養するように心がけた。

　JP-GAAPのコンバージョンが進むと,JP-GAAP固有の会計カラーが薄まっていくと危惧もされる。IFRSが直接適用されるのではなく,JP-GAAPのカラーを修正することにより,より両者が近づいていくという「波及効果」も指摘されるだろう。しかし,会計基準を作って適用するかの判断をおこなうのは自分たちだという思いは強いのではなかろうか。自分たちのルールは自分たちが作りたいと考えている。

　スタートとしては国内単一性・国際多様性という状況から,国ごとに差異が多すぎるという国際多様性が問題視された。そうした中で調和化・収斂にむけて取り組みがなされ,国際的には多くの差異が埋められつつある。しかし,気が付けば日本国内ではJP-GAAP, US-GAAP, IFRSが認められるという,国内多様性・国際収斂ともいうべき,想定外の状況を迎えている。

　財務報告作成者としての企業が会計基準のタイプを選べる状況になったのであろうか。むしろ選び方が問題なのではないか。企業が国境を越え,活発に行動することで,国境線が薄くなった。積極的に海外で活動する資金調達や営業活動をおこなう企業にはIFRSが便利であろう。国内活動にこだわる企業には国内基準,中小企業には中小企業会計基準・指針・要領といったように,企業

属性や状況別に選択する方向も考えられる。単に企業の所在地ではなく，企業の属性で会計基準を適用することで会計の効果も高まることも将来の方向として考えられる。

　会計に関する書籍の多くはJP-GAAPを解説したり，それに準拠した計算手続きや会計処理を考えている。JP-GAAPだけを見ても，基準の変更や改訂が多く，学習が進まない。大きなグローバルな会計の流れの中で，JP-GAAPとIFRSを対置させて，学ぶことが必要ではないだろうか。会計を複眼で見ることで，より立体的・効率的に学ぶことはできないであろうか。そうした観点から，IFRSをできる限りポジティブに捉えようとしている。

　IFRSの会計に関する書物は，概念的な説明や政治的な動向に終始するものが多い。その中で本書は鍵となる概念が現実社会との接点となる会計処理・計算の規定まで考えている。そこに計算例をあげ，練習問題までおこなうことで，学ぶ人たちのより実践的な知を涵養することを意図している。

　末筆であるが，本書は計算構造にこだわりを持ち，IFRSを初学者に分かりやすく学習させたいとの吉岡正道先生の発案で，その意に賛同した研究者が集まって編まれたものである。利益の発生原因の収益・費用ではなく，純資産がどれだけ増加したのかという結果にこだわることをIFRSのひとつの特徴とみなすこともできる。ならば，本書の執筆者全員の取り組みはどのような結果を残すであろうか。『IFRSを紐解く』への読者の皆さんの判断をお待ち申し上げる次第である。

2021年2月
新しい会計の始点としてIFRSの叡智に触れる

編著者代表　徳前　元信

目　　次

第Ⅰ編　国際会計の流れ（発足から 2020 年時点までの軌跡）

第Ⅱ編　キャッシュ・フロー計算書

第5章　キャッシュ・フロー計算書の利用 ‥‥‥‥‥‥ 81

第Ⅲ編　ストック（資産・負債・持分）計算

第6章　固 定 資 産 会 計 ‥‥‥‥‥‥‥‥‥‥‥‥‥‥‥ 93

第Ⅳ編　フロー（費用・収益）計算

第10章　費　用　会　計 ··· 163

第V編 決 算 の 機 能

本書で取扱われている演習問題の解答用紙および解答は，次のサイトに掲載している。
このサイトにアクセスし，読者は自由に解答用紙をプリント・アウトできる。

会計学者 吉岡正道
http://www.masamichi-yoshioka.coresv.com

序章　本書のねらい

0-0. Focus

　会計基準を設定するときに,「現場の知」と「社会科学の知」との間には, 綱引きがある。日本会計基準 (Japan Generally Accepted Accounting Principles, 以下, JP-GAAPと略する) は,「現場の知」として, 帰納的に構築されてきた。すなわち, 商慣習から積上げてきた取引風土を整備し, 取引の会計処理としてまとめてきた。そして, 取引の会計規則を法的に整備し, JP-GAAPとして標準化してきた。これに対し, 国際会計基準 (International Accounting Standards, 以下, IASと略し, International Financial Reporting Standards, 以下, IFRSと略す。両基準を併せて国際会計基準と呼ぶ。) は,「社会科学の知」として, 演繹的に構築されている。すなわち, 商慣習が地域, 国によって異なることから, 国際的な基準を創り上げるには, 会計目的を定めてから論理的に会計基準を定めていく。

　日本では,「現場の知」として構築されたJP-GAAPに対峙し,「社会科学の知」として構築されてきたIFRSを導入する手続きが重要な課題となってきている。本書では, IFRSを紐解く鍵として, 日々の取引について, その行使時間を軸として捉え, その取引量をCash単位で測る。そのことで, 日々の取引を, 取引の結果であるCashに換算する。すなわち, 取引の一定期間の取引量をCash Flowとして捉え, 取引の一時点での取引量をCash Stockとして捉える。

　本章の学習ポイントは, 次のとおりである。

＊財務報告書は, 企業によって作成され, 利害関係者によって利用される。

＊JP-GAAPでは, 財務情報の作成過程における信頼性, 中立性を重視してき

た。これに対し，IFRSは，財務情報の利用目的における経営（投資）意思決定を重視している。その経営成果を，確率的に捉えることができるようにする。

＊ 本書を学習する読者にとって，財務報告書から経営実態を把握できるようにし，投資などの経営活動に関与するときに，経営努力に対する経営成果が予測できるようにする。

0-1. IASB の設立経緯

＊1973年：

International Accounting Standards Committee（以下，IASCと略し，国際会計基準委員会と訳す。）は，イギリスのロンドンに設立された（toma. co. jp［最終閲覧日:2020]）。設立後，IASCは，IASの作成に着手した。

＊1987年：

International Organization of Securities Commissions（以下，IOSCOと略し，証券監督者国際機構と訳す。）は，IASCの諮問委員会に参加した。その背景には，1980年に入ると，国際資本市場が拡大し，多国間での有価証券の公募が増加してきたことにある。

＊2001年：

IASCからInternational Accounting Standards Board（以下，IASB略し，国際会計基準審議会と訳する。）へと改組され，IASBが発足した。発足後，会計基準は，IASからIFRSへと改訂された。

＊2002年：

IASBとFinancial Accounting Standards Board（以下，FASBと略し，米国財務会計基準審議会と訳す。）との間に，「Norwalk（ノーウォーク）合意」が交わされた。この合意によって，IASBとFASBの間では，コンバージェンス・プロジェクトが開始された。

＊2005年：

European Union（以下，EUと略し，欧州連合と訳す。）は，EUの域内上場企業に対

して，IFRSに基づく連結財務諸表の作成を義務付けた。

0-2.　IFRS の特徴

IFRSは，財務報告書の基本的な作成指針として，Conceptual Framework for Financial Reporting（以下，Frameworkと略し，『概念フレーム・ワーク』と訳す。）を位置付けている。このワークは，利用者にとっては，財務報告書の理解に役立ものになっている。また，作成者にとっては，企業固有の取引を考慮した会計処理の採用に役立っている。ここでの会計処理の採用根拠として，原理・原則を重視する考え方に立脚している。したがって，企業判断の介入度合が大きくなる。ただし，原理・原則に基づかない例外処理は，容認されないことになる。そのため，会計基準の数が少なく，明確な数値基準も明示されないことが多い。さらに，企業価値が測られやすいよう資産・負債アプローチを採り，包括利益利益は，資産から負債を差引いた額として計算される。

0-2-0.　概念フレーム・ワーク

『概念フレーム・ワーク』は，IASCが発足時に公表された。そして，IASBは，2018年に改訂版を公開した。

『概念フレーム・ワーク』は，IASBが財務会計基準を開発し，設定する際の基本的な指針として位置付けられている。また，『概念フレーム・ワーク』は，財務報告書の作成者にとってもIFRSを解釈し，適用する際の有益な示唆を与える。さらに，利用者にとっても，財務報告書から経営実態を把握するうえでの解釈指針となる。

0-2-1.　基　本　理　念

IASBは，原則主義を採択している。すなわち，『概念フレーム・ワーク』による基本的指針に従った，原則的な会計処理方法が示される。このことで，財務報告書の作成者は，その企業の経営実態にヨリ即した会計処理が採択される

4

可能性が高くなった，と解されている。もっとも，作成者は，採択した会計処理の根拠，判断を示さなればならなくなった。このことは，企業にとって，かなりの負担増となる。

0-2-2. 重視する財務情報

　IASBは，財政状態計算書を重視している。財務報告書には，資産，負債，持分（純資産），収益，および費用という5つの要素から構成されている。これらの構成要素に対して，IASBは，取扱う順序を決めている。すなわち，第1に資産を取上げて定義し，認識と測定の内容を定めている。資産は，企業によって支配されている現在の経済的資源と定められている（Framework, para. 4. 2）。すなわち，将来において獲得可能なCash Inflowを想定し，その額に基づき現在価値に割引くか，ないしは，その時の時価をなる。これに対し，負債は，経済

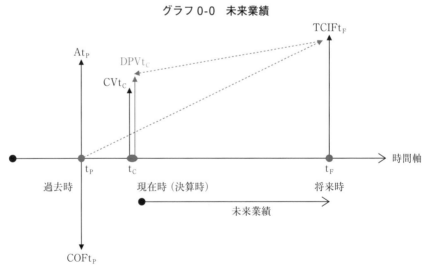

グラフ 0-0　未来業績

（注）　At_P　　　過去時の資産　　　　　　　　　　　　$TCIFt_F$　将来時のキャッシュ・インフロー総額
　　　　$COFt_P$　過去時のキャッシュ・アウトフロー　　　t_C　　　現在時（決算時）
　　　　CVt_C　現在時（決算時）の現在価値　　　　　　t_F　　　将来時
　　　　$DPVt_C$　現在時（決算時）の割引現在価値　　　　t_P　　　過去時

的資源を移転する際に現れる，企業が負担すべき現在の義務と定められている（Framework, para. 4. 2）。すなわち，将来のCash Outflowに基づき現在価値に割引くか，ないしは，その時の時価となる。両者の差額が持分の額となる。

　投資時点とその成果の発生時点の間には，時間的ズレがある。IASBは，後者の成果を基軸とした投資判断が重要である，と捉えている。そうすると，資産・負債アプローチを採らざるをえなくなる。

　企業は過去 (t_p) に棚卸資産を取得したものの，決算時 (t_C) までに売れずに繰越された。そうすると，決算時に，繰越される棚卸資産を将来 (t_F) において売上げられる時期と売上価格 ($TCIFt_F$) を想定する。その想定額を現在価値に割引く ($DPVt_C$)。そして，割引いた額が，決算時に計上されることになる。また，決算時の時価 (CVt_C) が，計上されることもある。ここで，未来の業績をグラフで示すと前頁のとおりになる（「グラフ0-0」参照）。

0-2-3. 利　益　概　念

包括利益は，下記の式のとおり計算される。

　包括利益 = 資産 - 負債

資産を将来Cash Inflowの現在割引価値，負債を将来Cash Outflowの現在割引価値と捉えて利益計算すると，両価値の差額が包括利益の額となる。この額には，営業利益だけでなく，投資利益，財務利益も含まれることになる。

0-3. IFRSに基づく会計処理

　IASBは，2018年に『概念フレーム・ワーク』を改訂し，「資産および負債の流入または流出が期待される」から「資産または負債は，経済的資源に関わる権利または移転の義務が現れる」へと変更した。この変更は，蓋然規準の削除となる。

　資産・負債は，『概念フレーム・ワーク』おいて定義される。すなわち，資産は，移転される経済的資源である。また，負債は，移転すべき経済的資源であ

6

る。ここでの定義に従い，資産・負債の会計処理は，「図0-0　会計処理の手順」
のとおり手続きされることになる。

　資産・負債は，実現規準に基づき認識される。Cashを拠り所にする経済的
資源が企業内に入るときには，資産の増加ないしは負債の減少として認識され
る。また，企業外に出るときには，負債の増加ないしは資産の減少として認識
される。

図0-0　会計処理の手順

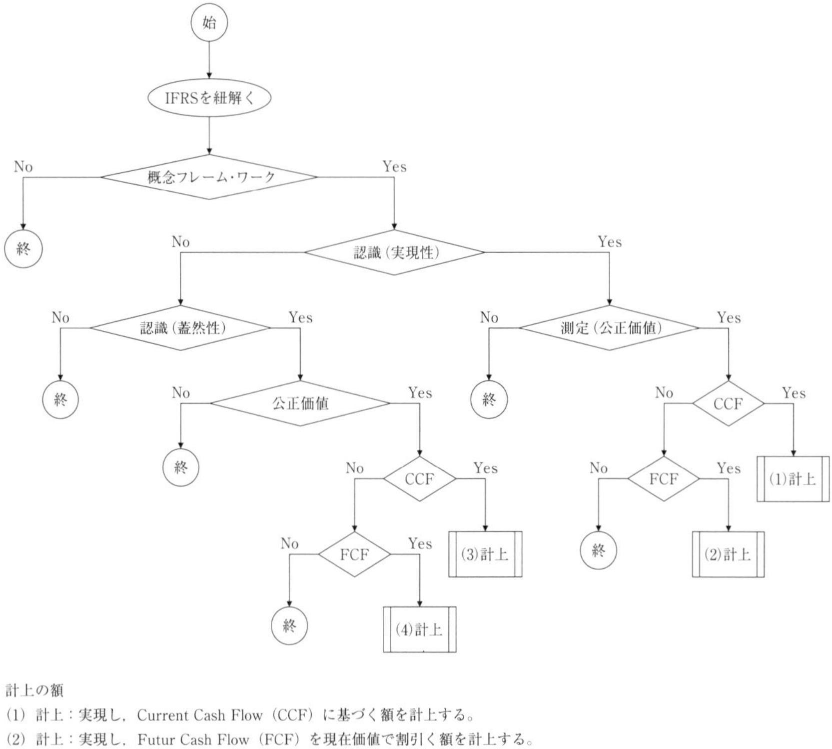

計上の額
(1)　計上：実現し，Current Cash Flow（CCF）に基づく額を計上する。
(2)　計上：実現し，Futur Cash Flow（FCF）を現在価値で割引く額を計上する。
(3)　計上：実現する可能性が高く，現在 Cash Flow に基づく額を計上する。
(4)　計上：実現する可能性が高く，将来 Cash Flow を現在価値で割引く額を計上する。

　さらに，認識された後，資産・負債の額は，次のとおり測定される。

(1) 資産・負債は，Cashを拠り所にする公正価値で測定される。資産・負債として認識された後に，入ってくる，Cash Inflowが資産の増加額ないしは負債の減少額となる。また，出ていく，Cash Outflowが負債の増加額ないしは資産の減少額となる。

(2) 現在のCash Flowがなくとも，当事者の契約によって，将来，入ってくることが確約されていれば，その将来Cash Inflowが資産ないしは負債の額となる。また，将来Cash Outflowが負債ないしは資産の額とする。

0-4.　日本への波及効果

0-4-0.　IFRS 導入の経緯

2001年に企業会計基準委員会（Accounting Standards Board of Japanと英訳し，ASBJと略す。）が設立された以降，日本でのIFRSへの取組み方に異変が生じてきた。ASBJは，IASBの活動に参加し，各国の会計基準設定主体と連携しながらも，JP-GAAPを国際的な会計基準に準ずるように整備してきている（ja. wikipedia. org ［最終閲覧日:2020］）。

＊2004年：

ASBJ, FASB, およびCanadian Accounting Standards Board（CA-ASBと略し，カナダ会計基準審議会と訳す。）は，EUによる同等性評価を始めた。JP-GAAPは，概ね同等とされた。ただし，26項目については，未だに差異があった。

＊2007年：

ASBJとIASBと間で交わされた「東京合意」に従い，ASBJは，2011年6月までにコンバージェンスの達成を目指していた。

＊2009年：

金融庁は，「我が国における国際会計基準の取扱いに関する意見書（中間報告）」を公表した。この公表により，日本でのIFRS導入に向けての方向性が示された。また，IFRSに従った連結財務諸表のひな型も公表された。

＊2010年：

　日本で初めてIFRSを適用した連結財務諸表を含む有価証券報告書が提出された。すなわち，日本でも，上場企業の連結財務諸表におけるIFRSの任意適用が認められたことになる。

＊2011年：

　金融担当大臣 自見庄三郎は記者会見し，会計基準が単なる技術論だけでなく，国における歴史，経済文化，風土を踏まえた企業のあり方，会社法，税制などの関連する制度，企業の国際競争力などと深い関わりがある，と発言した。IFRSの強制適用は，事実上見送りとなった。その後，日本では，「連単分離を前提とした任意適用企業の積み上げ」に舵が切られた。

＊2012年：

　IASBは，アジア・オセアニア地域におけるリエゾンとして，東京にオフィスを開設した。

＊2015年：

　IFRSのエンドースメントによって，Japan's Modified International Standards (以下，JMISと略し，修正版国際基準と略す。)が公表された。このことによって，日本の企業会計基準には，"JP-GAAP"，"Securities and Exchange Commission (以下，SECと略し，米国証券取引委員会と訳す。)"，"IFRS"，および "JMIS" が存在することになる。すなわち，日本での上場企業は，4つの会計基準の内，いずれかの基準を選ぶことができる。

＊2019年：

　IFRS適用済み企業は204社，IFRS適用決定企業は11社となる。

0-4-1. JP-GAAP の特徴

(1) 概念フレーム・ワーク

　2006年に，ASBJは，『財務会計の概念フレームワーク』(以下，ワークと略す。)を公表した (ja. wikipedia. org [最終閲覧日:2020])。この日本版概念フレーム・ワークは，財務会計の基礎にある前提や概念を体系化したものである。ただし，個

別的な会計規準を新設し，改廃を提案せずに，あくまでも基本的な指針として位置づけられた。

　ASBJは，IASBならびにFSABとの間で共通の概念フレーム・ワークを策定しているときに，公開草案として公表できなかった，と説明している（ワーク［2006］ⅴ頁）。そのため，単なる討議資料となった。

(2)　基　本　理　念

　日本は，実務対応報告や適用指針などのガイダンスを作成し，数値基準や例外規定などに対して会計基準を補足する詳細なルールを設けている。原則主義に対して，細則主義といわれる。ここでの細則主義は，細かく決められた一定の会計規準に従うことを重視する考え方のことである。企業に要求される判断の度合は小さくなるが，規準に定められていれば例外的な会計処理も認められることになる。結果として，規準の数が多くなった。

図0-1　過去業績

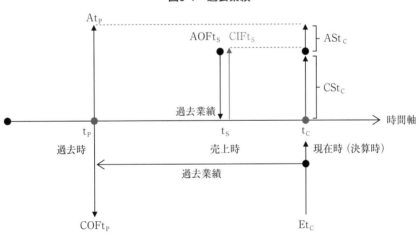

（注）　AOFt$_S$　　売上時の流出資産　　　　　　　　CSt$_C$　　現在時（決算時）のキャッシュ残高
　　　　ASt$_C$　　現在時（決算時）の資産残高　　　Et$_C$　　現在時（決算時）の費用
　　　　CIFt$_S$　　売上時のキャッシュ・インフロ

(3)　重視する財務情報

　日本の企業は，収益の額を重視する。その額は，企業が努力した成果として捉えている。すなわち，収益の額を計上してから，それに見合う費用の額を計上する。見合わなければ損失の額となる。したがって，日本の企業は，現時点を基軸とすると，過去の業績が重要となる。

　企業は，過去（t_p）に棚卸資産（At_p）を取得し，現金（$COFt_p$）で支払った（「図0-1」参照）。そして，棚卸資産（$AOFt_S$）を売上げて，現金（$CIFt_S$）を得た。決算時には，売上げたときの額が現金残高（CSt_C）として計上される。かつ，売残った棚卸資産（ASt_C）が次期に繰越される。なお，売上げられた棚卸資産の額に相当する現金（Et_C）は，売上原価として計上される。

(4)　利　益　概　念

　収益に対する費用を計上するという計算構造を採る限り，期間純利益が計算されることになる。決算時に，期間収益の額を計上し，その額に対応する費用の額を計上する。そして，期間純利益の額は，収益の額と費用の額の差額となる。

　　期間純利益 ＝ 期間収益 - 期間費用

0-4-2. 国内の秩序

　日本では，金融庁長官の諮問機関である企業会計審議会が企業会計基準を作成してきた。ところが，IASCは，民間団体が加盟国の基準設定主体でなければならない，と定めた。これを受けて，日本では，2001年に日本会計審議会からASBJへと移された。ASBJは，IASBの活動に参加し，各国の会計基準設定主体と連携しながら，国際的な会計基準の整備などを進めてきている。

　そこで，2001年を基軸として，次のとおり日本でのIFRSの取組み方が区分される（「図0-2」参照）。

＊2001年以前：IFRS導入前の国内秩序

　『企業会計原則』は，1949年に経済安定本部企業会計制度対策調査会の中間報告として設定された。その後，大蔵省企業会計審議会が改定を加えていった。

最終改定は，1982年におこなわれた。日本では，『企業会計原則』に従い，財務諸表が作られてきた。

＊2002年〜2010年：国外での協調

　日本は，FSAB，IFRSとの合意を目指し，IFRSの強制適用を推進してきた。ところが，東日本大震災の後，IFRSの強制適用を先送りとし，連単分離を前提とし，IFRSを任意適用とした。すなわち，連結財務報告書は，IFRSに従って作られる。これに対し，個別財務報告書は，JP-GAAPで作られ続けられることができるようになった。まさに，「連結と個別の分離」という二重基準となる。

＊2011年以降：IFRS導入後の国内秩序

　日本電波工業は，2010年3月期の決算からIFRSを適用した。国内で初めての企業となる。その後，任適用企業が増えてきて，2019年には204社となる。

図0-2　日本におけるIFRS導入状況

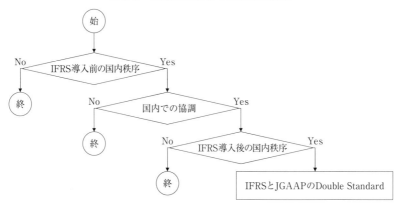

演習問題0．JP-GAAPと比べて，IFRSの特徴について述べなさい（400字程度）。

0-5. Check Point

以上，IFRSを紐解く鍵となるところを取上げ，その鍵が本著を理解できる

「道しるべ」になるよう書き留めてきた。IFRSは，日々の取引を流れる時間に沿って捉え，その流れる取引量をCashとして捉えている。取引によって，企業内には入ってくる量をCash Inflowとして捉え，出ていく量をCash Outflowとして捉えている。そして，決算時には，CashのInflowとOutflowとの差額をCash Stockとして捉えている。

　日本では，「現場の知」に「社会科学の知」を織込むよう務めてきた。その結果，日本では，JP-GAAP，IFRS，US-GAAP，およびJMISが共存することになった。4つの会計基準からいずれかの基準を，上場企業が選ぶことになる。

　本書を学習した読者は，次のことかできるようになる。

＊財務報告書を作成できるようになる。

＊財務報告書から経営実態を把握できるようになる。

＊投資などの経営活動に関与するときに，経営成果を予測できるようになる。

引用文献

（1）ASBJ［2006］：『討議資料　財務会計の概念フレームワーク』企業会計基準委員会。

（2）EY japan［最終閲覧日：2020］：「『財務報告にフレームワーク』の改訂の公表」https://www.eyjapan.jp/services/assurance/ifrs/issue/ifrs-others/other/pdf/ifrs-global-trend-2015-02-01.pdf。

（3）IASB［2018］：*Conceptual Framework for Financial Reporting 2018*，International Accounting Standards Board.

（4）ja.wikipied.org［最終閲覧日：2020］：企業会計基準委員会。

（5）toma.co.jp［最終閲覧日：2020］：「国際財務報告書（IFRS）とは？世界標準の会計基準になった。」。

第Ⅰ編　国際会計の流れ
（発足から2020年時点までの軌跡）

　International Financial Reporting Standards（以下，IFRSと略し，国際財務報告基準と訳す。）は，投資者，世界の様々な資本市場の参加者および他の財務情報の利用者が経済的意思決定をおこなうのに役立つ情報の提供を目的として，International Accounting Standards Board（以下，IASBと略し，国際会計基準審議会と訳す。）が設定・公表する会計基準である。IFRSは，2020年時点で世界166法域のうちの144法域において強制適用され，12法域において任意適用が認められている。こうした点で，IFRSは，国際的に認められた会計基準ということができる。

　2020年時点でのIFRSの地位は，紆余曲折を経て確立されるに至っている。IASBの前身となるInternational Accounting Standards Committee（以下，IASCと略し，国際会計基準委員会と訳す。）は，9か国の職業会計士団体が1973年に設立したものである。IASBの設立以降，数々のInternational Accounting Standards（以下，IASと略し，国際会計基準と訳す。）を設定・公表してきた。しかし，民間組織であるIASCには，IASを遵守させる強制力はなかった。会計基準の国際的調和化に向けた各国の取組みが展開されたものの，2020年時点とはまったく異なる状況にあった。

　そうした状況に変化をもたらしたのが，公的機関であるInternational Organizations of Securities Commissions（以下，IOSCOと略し，証券監督者国際機構と訳す。）によるIASコア・スタンダードの承認である。この承認に向けて，IASCは，コア・スタンダードの完成に力を注ぐだけでなく，IASBへの改組を通じて国際組織としての基盤強化も図っていた。

　以降，各国の取組みは，会計基準の国際的調和化からIASBとの関係を重視

した国際的統一化に舵が切られた。European Union（以下，EUと略し，欧州連合と訳す。）は，いち早くEU域内の上場企業の連結財務諸表作成基準として，IFRSの適用を決定した。米国や日本においてもIFRSの適用について一進一退を繰り返しながら，議論が進められている。IASB自身もConceptual Framework for Financial Reporting（以下，『財務報告のための概念フレーム・ワーク』と訳す。）を設定し，精力的にIFRSの作成・公表に務めている。

　第Ⅰ編では，IASCの発足から，IASBの設立，そして，2020年時点に至る国際会計の歩みをたどるとともに，日本における国際会計基準の取組みやIASBの『概念フレーム・ワーク』について取上げる。

第1章　国際会計基準の歴史的歩み

1-0. Focus

　会計基準の国際的調和と統合の歴史は，1970年代に遡る。1973年に9か国の職業会計士団体によって設立されたInternational Accounting Standards Committee（以下，IASCと略し，国際会計基準委員会と訳す。）によって，国際会計基準の制定が着手された。1980年代には，1986年に発足したInternational Organization of Securities Commissions（以下，IOSCOと略し，証券監督者国際機構と訳す。）が，1980年代の国際資本市場の拡大と多国間公募の増加を報じた。その後，International Accounting Standards（以下，IASと略し，国際会計基準と訳す。）に着目し，1987年にはIASCの諮問委員会に参加した。IOSCOからの承認を得たことで，IASCがGlobal Accounting Standards（以下，GASと略し，グローバル基準と訳す。）の開発に着手した。そして，2000年には，その開発を完了している。

　2000年6月に，それまでの国際会計基準委員会の代わりとなる，ヨリ強固な組織とするためにInternational Accounting Standards Board（以下，IASBと略し，国際会計基準審議会と訳す。）に改組することが決定された。そして，2001年4月に，IASBが発足した。これに伴い，会計基準の名称がIASからInternational Financial Reporting Standards（以下，IFRSと略し，国際財務報告基準と訳す。）と改められている。

　このIFRSには，次の3つの特徴がある。

（1）原　則　主　義

原則主義とは，解釈指針の他に詳細な規定や数値基準がほとんど示されてい

ない会計主義である。その分，自由度が高くなる。このため，解釈の根拠を外部に明確に示す必要性がある。すなわち，大量の注記が求められることになる。

(2) 財務状態計算書重要視

IFRSでは，投資家や債権者が必要としている資産価値を評価する情報として，将来キャッシュ・フローの割引現在価値を重視する考え方である。Japan Generally Accepted Accounting Principles（以下，JP-GAAPと略し，日本基準と訳す。）は，期間損益計算を重視するので財務業績計算書を重要視する傾向にある。

(3) グローバル基準

各国の会計基準の独自性を加味せず，議論や定義を英語でおこなう。言語差異を防ぐことを工夫している。

このとおり，IFRSによる財務報告書の作成には，会計基準の国際的調和および統合に向けて，ヨリグローバルでの適用を目指している。

本章の学習のポイントは，次のとおりである。

* IFRSには3つの特徴がある。すなわち，原則主義，財政状態計算書の重要視，およびグローバル基準である。
* IFRSがグローバル基準となるまでの歴史的な背景を探る。
* 欧米諸国のIFRSに対する取組みが理解できるようにする。

1-1. 国際会計基準の変遷の歴史

1-1-0. 1970年代から1990年代

IASは，もともと1973年にロンドンを拠点とする民間団体であるIASCにより公表されていた。その後，経済のグローバル化によって国境を越えた資本活動が活発化してきた。それに伴い，国ごとに異なる会計基準で作成された財務報告書では，比較可能性を確保できないという弊害が生じた。その状況のなかで，「世界的な会計基準共通化」の重要性が高まってきた。1986年には，IOSCO

がIASに着目し，1987年にIASCの諮問委員会に参加した。そして，財務諸表の比較可能性プロジェクトが開始され，1993年11月には同プロジェクトが完了した。以後，IOSCOが一貫してIASCの活動を支持することとなる（deloitte［最終閲覧日：2019]）。

1-1-1.　2000年代前半

2000年代に入り，さらなる改善に向けて，IASCはIOSCOとの合意のもと，コア・スタンダードとしての開発に着手した（deloitte［最終閲覧日：2019]）。

2000年3月には開発が完了し，同年5月に，IOSCOはIASをグローバル基準として承認した。このことにより，IASに強制力が付与されることになった。それを契機に，2000年6月にIASCをヨリ強固な組織とするために，IASBに改組することが決定された。

2001年4月にIASBが発足し，公表される基準もIFRSに改称された。2002年7月にEuropean Union（以下，EUと略し，ヨーロッパ連合と訳す。）は，EU域内の企業の連結財務諸表の作成基準として，IFRSの採用を義務付ける方針の決定をおこなった。IFRSの採用条件としては，EU域内で公募，または上場する企業が対象となった。これにより，IFRSを適用する欧州企業が当時の275社から上場企業の約8,000社に急増した。また，2002年10月にIASBとFinancial Accounting Standards Board（以下，FASBと略し，米国財務会計基準審議会と訳す。）と，アメリカのコネチカット州ノーウォークにて「ノーウォーク合意」が締結された（deloitte［最終閲覧日：2019]）。

これにより，IFRSとUnited States Generally Accounting Principles（以下，US-GAAPと略し，アメリカ基準と訳す。）のコンバージェンス・プロジェクトが開始されることとなった。

2004年6月にCommittee of European Securities Regulations（以下，CESRと略し，欧州証券規制当局委員会と訳す。）は，US-GAAP，JP-GAAP，およびCanada Generally Accepted Accounting Principles（以下，CA-GAAPと略し，カナダ基準と訳す。）について，IFRSとの同等性評価を開始した。CESRは，各国の基準に対

して技術的助言をおこなうよう，指示を出した。

1-1-2. 2000 年代後半

2005年7月に，CESRは，同等性評価の結果をEUに提出した。日本，アメリカ，カナダの会計基準を全体としてIFRSと同等としたうえで，会計基準の重要な差異について，一定の補完措置が求められた。補完措置の対象となる重要な相違の項目は，JP-GAAPについては26項目，US-GAAPは19項目，CA-GAAPは14項目とされた（池田［2018］10頁）。

また，補完措置の内容は，次のとおりである（ASBJ［最終閲覧日：2019］）。

(1) 開示A

　第三国基準によって既に提供されている定性的・定量的開示を拡充

(2) 開示B

　事象・取引をIASに従って会計処理した場合における定量的影響の表示

(3) 補完計算書

　仮定計算ベースの要約財務諸表の作成

2006年10月に，ASBJは，「わが国会計基準の開発に関するプロジェクト計画について―EUによる同等性評価等を視野に入れたコンバージェンスへの取組み―」を公表した。これにより，2008年上旬までに26項目の差異を解消するプロジェクト計画が示されている。2007年8月に，ASBJとIASBは「東京合意」を締結した。その内容は，次のとおりである（ASBJ［最終閲覧日：2019］）。

(1)「短期コンバージェンス・プロジェクト」・・・EUとの同等性評価に関わる主要な差異の解消を図るもの

(2)「その他のコンバージェンス・プロジェクト」・・・残りの差異の解消を図るもの

(2a)「短期コンバージェンス・プロジェクト」に含まれていない差異

(2b) IASBが開発する新基準から生じる差異

　短期コンバージェンス・プロジェクトは2008年までに，その他のコンバー

ジェンス・プロジェクトは2011年6月までにおこなうという目標期日を設定した（池田［2018］11頁）。

　CESRは，2007年6月に第三国会計基準同等性評価に係るメカニズムの助言を公表した。さらに，2008年3月に，中国，日本，米国の会計基準同等性評価について最終助言を公表した。JP-GAAPについては，前年にASBJとIASBが公表した「東京合意」に示された。

　金融庁では，2008年10月に第1回目の企業会計審議会調整部会が開催され，IFRSのアドプションに向けての議論が開始された。

　また，同年12月には，European Commission（以下，ECと略し，欧州委員会と訳す。）により，JP-GAAPにおけるコンバージェンスの遂行を条件に，同等性が認められた。2009年1月以後も，日本企業は，JP-GAAPに基づいた財務諸表でEU域内の資本市場における資金調達が可能となった。

　2009年6月に，金融庁からは，「わが国における国際会計基準の取扱いに関する意見書（中間報告）」が公表された。そして，同年12月には，日本の任意適用企業が2010年3月期から下記の要件を満たす連結財務諸表で，IFRSの任意適用が可能になった。その際に，用語，様式，作成方法が定められ，IFRS連結財務諸表のひな型も公表された。

　要件の概要は，次のとおりである。
(1) 上場企業であり，国際的な財務活動・事業活動をおこなっている。
(2) 有価証券報告書でIFRSによる連結財務諸表の適用性を確保するための取組みや体制を整備している。
(3) 一定範囲の日本企業にIFRSを強制適用することを，将来の政策課題として検討する（池田［2018］11頁）。

1-1-3.　2010年代

　2010年5月に，金融庁が有価証券報告書提出企業に関するIFRSへの対応の調査結果を公表した。それに伴って，同年11月には東京証券取引所が，上場企業のIFRS準備状況に関し「IFRS準備状況に関する調査結果（概要）」を公表し

た。

　米国のIFRS導入に関して，Securities and Exchange Commission（以下，SECと略し，米国証券取引委員会と訳す。）が，意見聴取を2011年7月より開始した。

　一方，日本においては，2011年6月に，ASBJとIASBが東京合意における達成状況と，ヨリ緊密な協力のための計画を発表している。また，同月より企業会計審議会が，IFRSの強制適用時期等に関する審議を再開した。

　2012年7月には，金融庁企業会計審議会が「国際会計基準（IFRS）への対応のあり方についてのこれまでの議論（中間的論点整理）」を公表した。これに基づいて議論をおこなった結果，2013年6月に，金融庁企業会計審議会は，「国際会計基準（IFRS）への対応のあり方に関する当面の方針」を公表した。

　この当面の方針では，下記の方向性を示している（EY Japan［最終閲覧日：2019］）。

（1）　任意適用要件の緩和

（2）　IFRSの適用の方法

（3）　単体開示の簡素化

　2013年10月には，「連結財務諸表の用語，様式及び作成方法に関する規則等の一部を改正する内閣府令」を，金融庁が公表した。この際に，IFRSの任意適用が可能な企業の要件を簡素化し，IFRSに基づいて作成する連結財務諸表の適正性を確保する取組み・体制を整えた。

　また，IFRSの監督機関であるIASBは，2012年11月に，アジア・オセアニア地域におけるリエゾンとして東京にオフィスを開設した。IASBでは，グローバルな金融危機への対応やIFRSとUS-GAAPのコンバージェンスの結果として，IFRS 15「顧客との契約から生じる収益」，IFRS 9「金融商品」，IFRS 16「リース」を公表した。

1-2. IFRSをめぐる主要各国の状況と対応

1-2-0. 米国の対応

　米国は，Financial Accounting Standards Board（以下，FASBと略し，米国財務会計基準審議会と訳す。）とIASBが共同で「コンバージェンス」を進めてきた。しかし，同時に，SECは，2007年11月に，外国登録企業がIFRSに準拠した財務諸表を調整表なしで認める規則を公表した。

　また，US-GAAPに対するIFRS適用の可能性に関しロードマップ案を公表することを2008年に決議し，同年11月にロードマップ案を公表した。ロードマップ案では，一定の要件を満たす米国内の上場企業に対し2009年から任意適用を認めることとした。また，2014年から企業の規模に応じて段階的にIFRSの使用を義務付けること（強制適用）が提案された。強制適用の判断は，2011年中におこなうとした。しかし，SECが2010年2月に公表した作業計画では，ロードマップ案で示したIFRSの早期任意適用のオプションを撤回した。

　2011年5月には，US-GAAPにIFRSを組込む方法のひとつとして，「コンドースメント・アプローチ」が公表された（池田 [2018] 12頁）。

　この「コンドースメント・アプローチ」は，IASBが公表する新基準を順次エンドースメントをおこなうこととなった。そして，既存の差異のある基準については，従来のコンバージェンスとは異なり，5〜7年かけてIFRSを組込む方法が採られた。

　2012年7月には，「IFRSを米国発行体の財務報告制度へ組込む検討のための作業計画」に関する報告書がSECから公表された。しかしながら，政策決定はおこなわれていない。

　2014年に，SECは，次の3つの代替案を示した。

(1) 完全なIFRSの使用
(2) アメリカの上場企業にIFRS財務諸表の作成を認める選択肢の提供
(3) コンドースメント・アプローチ

22

その後，SECは，IFRSに関する公式の決定をおこなっておらず，将来の予定も公表していない。

1-2-1. EUの対応

2002年7月に，EUは，EU域内で公募，または上場するEU域内の企業の連結財務諸表の作成基準として，IFRSの採用を義務付ける方針の決定をおこなった（池田 [2018] 12頁）。

これにより，IFRSを適用する欧州企業が，2002年当時に275社から上場企業の約8,000社に急増した。

2005年からは，EUでは，規制市場に上場する連結財務諸表に統一的なIFRSが強制適用される。その理由としては，次のことが挙げられる。

(1) 市場内に異なる財務報告の共存は混乱を招くこと
(2) コストがかかり，有効な監督・執行を難しくすること
(3) 投資家にとって，比較可能な情報が提供されないこと
(4) 欧州証券市場にとって競争上のデメリットとなること

EUでは，IASBの公表するIFRSの適用にはエンドースメンスを必要としている。その理由としては，IFRSの適用可否を判断することに加え，IFRSの開発にEUの影響力を強化するためである。

1-2-2. 中国の対応

中国では，IFRSのアドプションではなく，コンバージェンスを採用している。各基準の中身について，IFRSの個々の規定をそのまま取込むほか，個々の規定の文言の削除・変更などの修正や並び替えをおこなった。すなわち，IFRSの構成や規定を基礎とする手法が採られている。中国でのコンバージェンスは，IFRSの規定を基礎に，新たな自国の会計基準を策定していくというアプローチとして認識されている。そして，IASBの開発する単一で高品質な

基準の実現を支持している。現段階においては，中国側が国際基準とのコンバージェンス，場合によっては一致を図ろうとしている。

　2005年に，中国の財政部の内部組織であるChina Accounting Standards Committee（以下，CN-ASCと略し，中国企業会計基準委員会と訳す。）の秘書長（事務局長）と IASB 議長との間で，中国における会計基準のコンバージェンスに関する共同声明17を公表した（王［2008］）。

　2006年には，IFRSとのコンバージェンスが図られた，新企業会計準則が公表されている。2008年の金融危機を受け，2010年4月に，財政部は，新企業会計準則とIFRSとの継続的なコンバージェンスに関するロードマップを公表した。そこでは，IFRSの新設，改訂に従い，新企業会計準則もほぼ同じタイミングで更改をおこなうこととしている。

　なお，その他諸国の対応は次のとおりである（池田［2018］13頁）。

2010年	ブラジルが上場企業に対して，連結財務諸表についてはIFRSの適用を義務付け
2011年	カナダが上場企業に対してIFRSの適用を義務付け
〃	韓国が上場企業に対してIFRSの適用を義務付け
〃	インドの上場企業についてIFRSの適用を容認
〃	タイでIFRSをベースとした自国の会計基準を導入
2012年	アルゼンチンでIFRSの適用を義務付け
〃	メキシコでIFRSの適用を義務付け
〃	ロシアでIFRSの適用を義務付け
〃	マレーシアとインドネシアでIFRSをベースとする自国の会計基準の導入
2013年	台湾でIFRSをベースとする自国の会計基準を導入
2015年	インドでインド版IFRSの適用が開始
2018年	シンガポールでIFRSをベースにした自国の会計基準を導入

1-3. IFRS の適用に関しての今後の展開

　IFRSは，国際的な会計基準として2020年現在，少なくとも138か国以上で適用をされている。会計基準の国際的調和と統合の歴史の中で，確実に適用法地域を広げている。ところが，世界最大の経済と資本市場を有するアメリカにおいては，未だ適用の道筋がみえていない。

　さらに，世界2位の経済大国中国においても，IFRSの適用については，一定の支持はあるものの，未だ導入には至ってない。このことからも，会計基準の世界的趨勢は，IFRS一辺倒ではなくなったという見方も少なくない。

　EUが2002年7月よりIFRSの採用を義務付けたことにより，IFRSが国際的な会計基準として容認されることになった。しかし，アメリカ，日本，中国など，経済や政治的な背景も含め，強制適用に踏み切るまでには至っていない。世界的な経済，資本市場を有するアメリカにおいても，IFRSとの大きな乖離が生じないように留意せざるを得ない状況である。中国も，コンバージェンスを中心に受入れる準備を進めている状況である。

　なお，経済が単一化される中で，将来的に会計基準が収斂していく流れは変わらず，世界各国が自国の意見を反映できる枠組みを持った，IFRSの重要性は無視できない，と解される。このことからも，IFRSの適用については，遅かれ早かれ強制適用の流れに向かっているという事実は否定できない。

　グローバルな経営・資金調達等によって比較可能な会計基準は，現在，IFRS以外にない状況である。アメリカや中国においても，政治，経済の影響により，導入時期は未だ不透明ながらも，大きな流れは，IFRSの導入という形に向かっていくことになる。

演習問題 1. IFRSの歴史からみた今後の世界的なIFRS導入の流れについて述べよ(400字程度)。

1-4. Check Point

　以上，IFRSの歴史的な歩みを取上げ，各国の状況および対応を書き留めてきた。IFRSは国際的に認められた唯一の会計基準である。経済が単一化される現在の状況においては，会計という視点で比較検討できる基準として捉えている。

　本章において学習した読者は，次のことが理解できるようになる。

＊　IFRSの歴史的な歩みを理解できるようになる。

＊　各国のIFRSに対する取組みがわかるようになる。

引用文献

（1）ASBJ［最終閲覧日：2019］：企業会計基準委員会 https://www.asb.or.jp/jp/。

（2）deloitte［最終閲覧日：2019］：https://www2.deloitte.com/jp/ja/pages/finance/articles/ifrs/ifrs-general-2.html。

（3）EY Japan［最終閲覧日：2019］：
https://www.eyjapan.jp/services/assurance/ifrs/issue/ifrs-others/other/pdf/ifrs-global-trend-2015-02-01.pdf。

（4）池田健一［2018］：「国際会計基準の制定と応用」『テキスト 国際会計基準』桜井久勝編著 白桃書房。

（5）王　昱［2008］：「コンバージェンスとアドプションをめぐる中国の対応」『国際会計研究会年報2008年度』。

第2章 日本における 国際会計基準への取組み

2-0. Focus

　1973年にInternational Accounting Standards Committee（以下，IASCと略し，国際会計基準委員会と訳す。）が活動を開始して以降，日本においても会計基準の国際的調和化（harmonization）への取組みが徐々に展開されるようになってきた。2001年に，International Accounting Standards Board（以下，IASBと略し，国際会計基準審議会と訳す。）が設立されてからは，International Financial Reporting Standards（以下，IFRSと略し，国際財務報告基準と訳す。）とJapan Generally Accepted Accounting Principles（以下，JP-GAAPと略し，日本基準と訳す。）とのコンバージェンス（convergence），アドプション（adoption）あるいはエンドースメント（endorsement）などについて，様々な議論が積極的に進められるようになった。そして，日本では，現在，IFRSが任意適用する形で制度的な対応が図られている。

　本章では，日本における国際会計基準への取組みについて取上げる。特に次の点が学習ポイントとなる。

＊日本の制度的な対応を中心に，国際会計基準への取組みについて理解できるようにする。

＊IFRSの日本への波及効果として，IFRS 13『公正価値測定（Fair Value Measurement）』をひとつの事例として取上げ，会計基準レベルでの日本の対応状況を理解できるようにする。

2-1. 国際的調和化から国際的統一化へ

　IASC は，各国の職業会計士団体が設立した民間組織である。日本からは，日本公認会計士協会が設立当初から加盟し，会計基準の国際的調和化に向けた取組みを進めてきた。ここにいう国際的調和化とは，「各国会計基準に差異が存在することをある程度は認めつつ，これを可能な限り許容範囲に収めようとすること」（平松 [2018] 2 頁）をいう。したがって，国際的調和化の推進では，各国の会計基準に差異があることを前提として，そうした差異をお互いに承認しあう「相互承認」という形で，議論が進められた。

　IASC においても，自らが設定・公表する International Accounting Standards（以下，IAS と略し，国際会計基準と訳す。）は，主要国の会計基準との対立や摩擦が生じることがないように配慮されてきた[1]。その結果，設定・公表された IAS は，多様な会計処理方法を特定の方法に統一化するというよりも，主要国がすでに採用している会計処理方法をかなり幅広く許容するものとなった。

　こうした展開に転機をもたらしたのが，IASC が 1989 年に公表した Exposure Draft 32（以下，ED 32 と略し，公開草案 32 と訳す。）"Comparability of Financial Statements『財務諸表の比較可能性』" と 1990 年に公表した Statement of Intent（以下，趣旨書と訳す。）"Comparability of Financial Statements）『財務諸表の比較可能性』" である。両者は，金融資本市場の国際化の進展と International Organization of Securities Commissions（以下，IOSCO と略し，証券監督者国際機構と訳す。）の支援を背景に[2]，これまで許容されてきた多様な会計処理方法を可能な限り削減し，財務諸表の比較可能性を高めることを目的とした（IASC [1989] および IASC [1990]）。これを契機として，IASC は，IOSCO から提示されたコア・スタンダードの作成に着手し，2000 年 3 月に完成した。その後，2005 年 5 月には，実効性ある国際的な会計基準として IOSCO による承認を得ている。

　コア・スタンダードの完成にあわせて，IASC は組織再編にも取組み，新たな会計基準の設定機関として，IASB を 2001 年に設立している（大野 [2005] 61-72 頁）。そして，IASB が新たに設定・公表する会計基準は，IAS とは区別して

IFRSと呼ばれる。IASは，IASBの設立後も効力をもち，IFRSとともに並存している。

2-2. 国際的統一化へのアプローチ

コア・スタンダードの完成やIASBの設立などにより，会計基準の国際的調和化は，国際的統一化に向けた新たな段階に進むことになった。2000年の段階で，European Union（以下，EUと略し，欧州連合と訳す。）は，EU域内の上場企業の連結財務諸表の作成に対して，2005年からIFRSを強制適用することを発表した。米国のFinancial Accounting Standards Board（以下，FASBと略し，米国財務会計基準審議会と訳す。）とIASBは，米国のGenerally Accepted Accounting Principles（以下，US-GAAPと略し，米国基準と訳す。）とIFRSとの将来的なコンバージェンスに向けた合意「ノーウォーク合意」を2002年に発表した。日本においても，Accounting Standards Board of Japan（以下，ASBJと略し，企業会計基準委員会と訳す。）は，2005年にIASBとのコンバージェンスプロジェクトを開始した。2007年には，コンバージェンスの加速化に向けた，IASBとの合意「東京合意」を発表した。

このように，会計基準の国際的統一化に向けたプロジェクトは，各国において積極的に推進されたが，統一化へのアプローチには，多様性が認められる。ここで主要なアプローチを整理すれば，次のようになる（大野 [2014] 149-150頁）。

(1) コンバージェンス・アプローチ：IFRSを自国の会計基準として直接取込まずに，自国の会計基準をIFRSに収斂させるアプローチ

(2) アドプション・アプローチ：会計基準の設定をIASBに委ねた上で，IFRSをそのまま自国の会計基準として全面的に適用するアプローチ

(3) エンドースメント・アプローチ：IFRSの採用を前提としながらも，個々の会計基準について受入・修正・除外を検討し，自国での承認手続きを通じて個別に受入れの可否を公式に判断するアプローチ

IASBは，各国会計基準とIFRSとのコンバージェンスの達成を設立時から目

的としていた。しかし、アプローチの多様性が示すように、各国が進める会計基準の国際的統一化は一様ではない。日本では、当初、IFRSとのコンバージェンスが急速に進められ[3]、一時期はIFRSの強制適用にまで議論が及んだ。しかしながら、米国におけるIFRS適用への動きが鈍化し、強制適用からの方針転換が自明になるのに伴って[4]、日本での議論もIFRSの強制適用から任意適用の促進へと、方針転換が図られるようになった。

2-3. IFRS の任意適用の動向

　「東京合意」以降、日本では、IFRSへの対応について、いくつもの報告書が公表されている。2009年6月には、IFRS適用に向けた日本版ロードマップとして、『我が国における国際会計基準の取り扱いに関する意見書（中間報告）』（以下、『中間報告』と略す。）がASBJより公表された。この『中間報告』では、一定の上場企業の連結財務諸表の作成に対して、2010年3月期からIFRSの任意適用を認めることや、2012年を目処にIFRSの強制適用について判断し、少なくとも3年間の準備期間を設けることが提示された。

　IFRSの任意適用は、予定通り2010年3月期から開始された。ただし、IFRSの任意適用は、次の条件を満たす企業であることが求められた。

(1) 上場企業であること

(2) IFRSに基づく連結財務諸表の適正性を確保するための取組み・体制整備をしていること

(3) 国際的な財務活動または事業活動をおこなっていること

　　一方、IFRSの強制適用については、2011年6月の金融担当大臣の発言によって急遽延期された。反対に、2016年3月期で終了を予定していたUS-GAAPによる財務諸表の開示は、終了期限を撤廃し、引続き使用することが可能となった（金融庁［2011］）。

　2013年6月、ASBJは『IFRSの対応のあり方に関する当面の方針』（以下、『当面の方針』と略す。）を公表した。この『当面の方針』では、強制適用の是非につい

ては未だその判断をすべき状況にないとしながらも，IFRSの任意適用については積上げを図るための対応策が示された。具体的には，IFRSの任意適用企業に求められる条件を緩和し，先に示した (1) と (3) の条件は撤廃，(2) の条件のみを維持することが提示された。

　また，『当面の方針』では，IFRSのエンドースメント手続の導入についても提案された。この提案に対して，ASBJは，2015年6月にJapan's Modified International Standards（以下，JMISと略し，修正国際基準と訳す。）を公表している[5]。JMISが公表されたことにより，日本では，現在，JP-GAAP，IFRS，US-GAAP，およびJMISの4つから，企業自身が一定の条件のもとで最善の会計基準を選択することができるという状況にある[6]。

2-4. 日本の現状と評価

　IFRS財団が2018年に公表した調査結果（IFRS Foundation［最終閲覧日：2019]）によれば，G20[7]の75%がIFRSを強制適用している。世界166法域[8]のうち87%にあたる144法域においても，全てまたは大部分の主要企業に，IFRSの強制適用が求められている。また，それ以外の12法域では，全てまたは大部分の主要企業に対してIFRSの任意適用が認められ，日本はこの法域のひとつに数えられている。

　先に説明したように，日本では，現在，JP-GAAP，IFRS，US-GAAP，およびJMISの4つから，企業自身が最善の会計基準を選択することができるよう，制度的な対応が図られている。東京証券取引所［最終閲覧日：2019]によれば，2019年6月末現在，調査対象とした東証上場企業3,639社の内訳は次のとおりである[9]。

(1) IFRSをすでに適用している企業が198社

(2) 適用を決定している企業が16社

(3) 適用を予定している企業が11社

　これらの企業の時価総額も220兆円あり，東証上場企業の時価総額605兆円

に占める割合は36％に及ぶ。業種別では，電気機器 (27社)，サービス (27社)，情報・通信 (25社)，医薬品 (18社)，輸送用機器 (18社)といった業種が多い。

　この数は年々増加しており，IFRSの任意適用を認めた2010年が3社であったところからすると大幅な伸びをみせている (金融庁 [最終閲覧日:2019])。反対に，US-GAAPを採用している東証上場企業は2012年3月末で32社あったが (新日本監査法人 [最終閲覧日:2019])，2019年9月には12社まで減少している[10]。

　IFRSの適用企業が増加する中で，日本が採用しているアプローチは，特定の会計基準を強制するのではなく，会計基準を企業自身に選択させるというアプローチである。こうしたアプローチについて，IASB議長のH. Hoogervorstは，「全企業へのIFRSの一斉適用が難しいと考えている他の法域にとって，IFRSの専門知識の蓄積に時間が必要だという場合に，興味深い選択肢になりうる」(H. Hoogervorst [2018] p.11) とし，「アジアの数か国が日本のIFRS適用モデルを真剣に検討している」(H. Hoogervorst [2018] p.11) と述べている。また，H. Hoogervorst ([2018] p.11) は，こうした日本のアプローチを従来のコンバージェンスやアドプションに次ぐ第3の方法 (third way) と指摘している。

2-5.　日本への波及効果

　これまでは，IFRSに対する日本の制度的な対応を中心にみてきた。ここでは，さらに，IFRSの日本への波及効果としてIFRS 13を取上げて，会計基準レベルでの日本の対応状況について明らかにする。なお，IFRS 13は，複数のIFRSが公正価値測定を求める中で，各IFRS間における規定の整合性を確保するために，公正価値測定の共通ガイダンスとして，IASBが2011年5月に公表したものである。

2-5-0.　公正価値の定義

　IFRS 13では，公正価値を「測定日における市場参加者間の秩序ある取引において，資産の売却によって受け取るであろう価格または負債の移転のため

に支払うであろう価格」(IFRS 13, para.9) と定義している。この定義によれば，IFRSにおける公正価値は，企業固有の測定値ではなく，自由な市場取引を想定した測定値である。また，資産・負債の売却・移転を想定した出口価格 (IFRS 13, para.24) となる。なお，公正価値の測定では，市場において直接的に観察しうる測定値に限定されてはいない (IFRS 13, para.24)。市場において直接的に観察できない場合には，適切な評価技法を用いて算定した測定値が，公正価値として認められている。

2-5-1. 公正価値の評価技法

IFRS 13が提示する評価技法には，次の3つがある。

(1) マーケット・アプローチ (Market approach)：同一または比較可能な資産・負債が関係する市場価格やその他の市場から得られる情報をもとに公正価値を算定するアプローチ

(2) コスト・アプローチ (Cost approach)：資産の用役能力を再調達するために現在必要とされる金額 (再調達原価) をもとに公正価値を算定するアプローチ

(3) インカム・アプローチ (Income approach)：将来キャッシュ・フローや収益・費用の現在価値をもとに公正価値を算定するアプローチ

これらの評価技法の適用に際しては，観察可能なインプット (入力数値) の使用を最大化し，観察不能なインプットの使用を最小限にするアプローチを選択する必要がある (IFRS 13, paras.61, 67)。

2-5-2. 公正価値ヒエラルキー

IFRS 13では，公正価値測定と関連する開示の首尾一貫性および比較可能性を向上させるために，公正価値ヒエラルキーを設けている。公正価値ヒエラルキーでは，評価技法へのインプットが，次の3つのレベルに分類される。

(1) レベル1：測定日において，企業が入手可能な，活発な市場における同一の資産・負債に関する (無調整の) 公表価格 (IFRS 13, para.76)

(2) レベル2：資産・負債について，直接的または間接的に観察可能なインプッ

トのうち，レベル1に含まれる公表価格以外のインプット（IFRS 13, para.81）
(3) レベル3：資産・負債について，観察不能なインプット（IFRS 13, para.86）

　評価技法を用いた公正価値の算定では，レベル1のインプットから順に優先
して使用する（IFRS 13, para.72）。したがって，レベル3のインプットは，レベル
1とレベル2のインプットが入手できない場合に限り使用することができる。
また，観察可能なレベル1とレベル2のインプットであっても，重要な調整がお
こなわれた場合には，そのインプットはレベル3に分類される。

2-5-3. 開　　　　示

　IFRS 13では，財務諸表利用者が次の事項を評価するのに役立つ情報の開示
を求めている（IFRS 13, para.91）。
(1) 財政状態計算書において，経常的あるいは非経常的に公正価値で測定される
　　資産・負債については，公正価値の算定に用いられた評価技法やインプット
(2) 観察不能なインプット（レベル3）を用いた経常的な公正価値測定について
　　は，その測定が純損益またはその他の包括利益に与える影響

2-5-4. JP-GAAP の設定と対応

　日本では，IFRS 13とのコンバージェンスを想定して，企業会計基準公開草
案第43号『公正価値測定及びその開示に関する会計基準（案）』が，2010年7月
にASBJより公表された。しかし，当該公開草案は長期間に亘り確定基準とは
ならず，公正価値の算定方法に関する詳細なガイダンスが不在のまま，次のと
おり個々の会計基準において時価が定義され，時価の算定方法等が規定され
た[11]。
＊企業会計基準第9号『棚卸資産の評価に関する会計基準』
＊企業会計基準第10号『金融商品に関する会計基準』（以下，『金融商品会計基準』
　と略す。）
＊企業会計基準第20号『賃貸等不動産の時価等の開示に関する会計基準』
＊企業会計基準第21号『企業結合に関する会計基準』など

　例えば，これまでの『金融商品会計基準』では，時価について「時価とは公正な評価額をいい，市場において形成される取引価格，気配又は指標その他の相場（以下『市場価格』という）に基づく価格をいう。市場価格がない場合には，合理的に算定された価額を公正な評価額とする」（第6項）と定義されていた。この定義にみられるように，IFRS 13の公正価値の定義では「測定日における」との測定時点が規定されるが，『金融商品会計基準』の定義には測定時点が規定されなかった。

　こうした差異は，時価の算定における差異となって現れることになった。例えば，そのひとつとして，『金融商品会計基準』の注解7では，その他有価証券の決算時の時価に「期末前1か月の市場価格の平均に基づいて算定された価格」の使用を認めてきたが，IFRSではそれが認められないといった差異となって現れることになった。

　こうした課題が残される中で，ASBJは，2019年7月に企業会計基準第30号『時価の算定に関する会計基準』（以下，『時価算定会計基準』と略す。）を公表した。『時価算定会計基準』は，国際的な財務諸表の比較可能性を高める観点から，IFRS 13の規定を基本的にすべて取入れる形で，開発が進められてきた（第24項）。そして，『時価算定会計基準』では，「『時価』とは，決算日において市場参加者間で秩序ある取引がおこなわれると想定した場合の，当該取引における資産の売却によって受け取る価格又は負債の移転のために支払う価格をいう。」（第5項）と，時価が定義された。

　『時価算定会計基準』が公表されたことによって，これに関連する会計基準は改訂され，IFRSとJP-GAAPとの差異は解消される方向にある。例えば，IFRS13にあわせて，時価が定義されたことで，その他有価証券の時価として認められてきた「期末前1か月の市場価格の平均に基づいて算定された価格」は，改訂後の『金融商品会計基準』（2019年7月4日公表）から削除されている。

　もっとも，『時価算定会計基準』は，時価に関する統一的なガイダンスとしてIFRS 13と同様の役割が期待されるが，当該会計基準の適用範囲はこれまでの会計実務等に配慮して，金融商品とトレーディング目的で保有する棚卸資産の

みとされている（第3項）。したがって，金融商品のみならず，固定資産等の公正
価値測定をも範囲に含める IFRS 13 との差異は，まだ残されている。

演習問題 2.

2-1.　IASB の設立前後では，国際会計基準への各国の取組みにどのような変化があっ
　　　たかを説明しなさい。

2-2.　IFRS 適用に対する日本の制度的な対応について，現在の状況を説明しなさい。

2-3.　『時価算定会計基準』が設定・公表されたことにより，日本と IFRS の金融商品会
　　　計基準のどのような差異が解消されたかを説明しなさい。

2-6.　Check Point

　本章では，日本における国際会計基準への取組みについて取上げ，制度的な
対応の動きと IFRS の日本への波及効果について明らかにしてきた。

　制度的な対応については，当初，各国の会計基準に差異があることを前提に，
その差異を相互承認する形での，国際的調和化が進められた。2005年以降にな
ると，IOSCO による IFRS の承認と EU や米国における IFRS 適用への動きもあ
り，会計基準の国際的統一化に向けた取組みが日本でも進められた。

　現在の日本では，一定の条件はあるものの，JP-GAAP，IFRS，US-GAAP，お
よび JMIS の4つから，企業は最善の会計基準を選択できる制度を採用してい
る。そして，IFRS の任意適用企業は年々増加する傾向にある。

　IFRS の日本への波及効果に関しては，IFRS 13 の規定を整理した上で，JP-
GAAP の対応について取上げた。これまでは時価の定義の違いなどもあり，
IFRS と JP-GAAP との差異が認められたが，2019年に ASBJ が IFRS 13 に沿っ
て『時価算定会計基準』を設定・公表したことによって，IFRS と JP-GAAP と
の差異が，徐々に解消されている。

　本章を学習した読者は，次のことができるようになる。

＊制度的な対応を中心に，日本の国際会計基準への取組みについて説明できる
　ようになる。

＊IFRSの日本への波及効果として，IFRS 13の概要と日本の対応状況が説明
　できるようになる。

注釈

（ 1 ） IASCは民間組織であることから，設定・公表したIASを各国に遵守させる強制力に欠け
　　　ていた。そうした意味で，IASCが主要国と異なる会計基準を設定することは，自らの
　　　存在基盤を危うくするという危機感があった（日本公認会計士協会東京会 ［2009］4頁）。
（ 2 ） IOSCOは，証券規制に係わる各国の規制当局が加盟する国際組織である。現在，日本か
　　　らは，金融庁が普通会員として加盟している。
（ 3 ） 2005年以降，IFRSとのコンバージェンスが日本において急速に進められた背景には，
　　　EUによるJP-GAAPの同等性評価への対応がある。当該状況については，杉本（［2017］
　　　452-468頁および831-857頁）が詳細に取上げている。
（ 4 ） IFRS強制適用に関する米国の方針転換の背後には，2008年のリーマンショックと 2009
　　　年の政権交代がある（辻山［2014］51-52頁）。
（ 5 ） JMISには，「IFRSの任意適用企業の増加を図る」ことに加えて，「IASBへの意見発信を
　　　おこなう」という目的がある（杉本［2014］46-49頁）。
（ 6 ） 中小企業会計指針等を含めた日本における会計基準の多極化の状況については，辻山
　　　（［2016］48-50頁）が図表により簡潔に整理している。
（ 7 ） G20はGroup of twentyの略であり，カナダ，フランス，ドイツ，イタリア，日本，米国，
　　　英国（以上をG7という）に，アルゼンチン，オーストラリア，ブラジル，中国，インド，
　　　インドネシア，韓国，メキシコ，ロシア，サウジアラビア，南アフリカ，トルコ，EU・欧
　　　州中央銀行を加えた20か国・地域のことをいう。
（ 8 ） IFRSは国単位だけでなく，EUのような地域単位での適用もあることから，これらをあ
　　　わせて法域（jurisdiction）という用語が用いられているもの，と考えられる。
（ 9 ） IFRSの適用を「検討」している東証上場企業は，さらに 189社ある（東京証券取引所［最
　　　終閲覧日：2019］）。
（10） この背景のひとつとして，米国証券取引委員会（Securities and Exchange Commission）
　　　が，2007年に米国の資本市場に上場する外国企業に対して，IFRSによる財務諸表をUS-
　　　GAAPへの調整なしに使用することを認めた（鶯地［2017］20-23頁）ということも考えら
　　　れる。
（11） 日本では公正価値という用語は用いずに，時価（公正な評価額）とう用語が用いられて
　　　いる。

引用文献

（1）　ASBJ［2008］：企業会計基準第10号『金融商品に関する会計基準』（2019年7月4日改正）。

（2）　ASBJ［2009］：『我が国における国際会計基準の取扱いに関する意見書（中間報告）』。

（3）　ASBJ［2013］：『IFRSの対応のあり方に関する当面の方針』。

（4）　ASBJ［2019］：企業会計基準第30号『時価の算定に関する会計基準』。

（5）　Hans Hoogervorst［2018］：「IASB議長講演『日本とIFRS基準』」『季刊会計基準』第63号（IFRS財団による和訳）。

（6）　平松一夫監修［2018］：『IFRS国際会計基準の基礎（第5版）』中央経済社。

（7）　IASC［1989］：*Exposure Draft 32, Comparability of Financial Statement*, International Accounting Standards Committee.

（8）　IASC［1990］：*Statement of Intent, Comparability of Financial Statement*, International Accounting Standards Committee.

（9）　IASB［2013］：*IFRS 13, Fair Value Measurement*, International Accounting Standards Board.

（10）　IFRS Foundation［最終閲覧日:2019］：" Who uses IFRS Standards？" https://www.ifrs.org/use-around-the-world/use-of-ifrs-standards-by- jurisdiction/。

（11）　金融庁［2011］：内閣府令第44号『連結財務諸表の用語，様式及び作成方法に関する規則等の一部を改正する内閣府令』。

（12）　金融庁［最終閲覧日:2019］：『会計基準を巡る変遷と最近の状況（資料6）』 https://www.fsa.go.jp/singi/singi_kigyou/siryou/kaikei/20190903/6.pdf。

（13）　日本公認会計士協会東京会編［2009］：『会計基準のコンバージェンス』税務経理協会。

（14）　大野智弘［2005］：「IASB」氏原茂樹編著『国際財務会計論』税務経理協会。

（15）　大野智弘［2014］：「会計基準の個別的な差異解消と国際的な差異」倉田幸路編著『財務会計の現状と展望』白桃書房。

（16）　鶯地隆継［2017］：「IFRSのこれから」『企業会計』第69巻第8号。

（17）　杉本徳栄［2014］：「修正国際基準（JMIS）の会計ストラテジーとしての捉え方」『企業会計』第66巻第11号。

（18）　杉本徳栄［2017］：『国際会計の実像』同文舘出版。

（19）　新日本監査法人［最終閲覧日：2019］：「【一覧】米国会計基準を採用して有価証券報告書を作成している会社」 https://www.shinnihon.or.jp/corporate-accounting/case-study/2014/。

（20）　東京証券取引所［最終閲覧日：2019］：『「会計基準の選択に関する基本的な考え方」の開示内容の分析』。 https://www.jpx.co.jp/news/1020/nisgeu00000394ic-att/20180731.pdf

（21）　辻山栄子［2014］：「コンバージェンスをめぐる現状と課題」平松一夫・辻山栄子責任編集

『体系現代会計学第4巻・会計基準のコンバージェンス』中央経済社。

(22) 辻山栄子[2016]:「IFRS導入へ: コンバージェンス, アドプション」『企業会計』第68巻第1号。

第3章　概念フレーム・ワーク

3-0. Focus

　本章の目的は，概念フレーム・ワークの役割とその内容について明らかにすることである。概念フレーム・ワークの役割は，各個別会計規準を説明・理解するためにある。概念フレーム・ワークの内容は，構成順に，財務報告の目的，質的特性，財務諸表とそれらの構成要素，および認識と測定となっている。概念フレーム・ワークは意思決定有用性に基づき，一貫した理論が構築されている。

　本章の学習のポイントは，次のとおりである。

＊　概念フレーム・ワークの役割を理解できるようにする。

＊　財務報告の目的と財務情報の質的特性を理解できるようにする。

＊　財務諸表の構成要素と認識・測定を理解できるようにする。

3-1. 財務報告の目的と財務諸表の質的特性

3-1-0. 概念フレーム・ワークの変遷と概要

　概念フレーム・ワーク (conceptual framework) とは，各個別会計規準の基礎的な思考・概念を記述したものであり，法律でいうならば，いわば「憲法」としての性質を有する。別の表現をするならば，各個別会計規準を理解・解釈するための「基準」として，「メタ規準」としての役割を有し，会計規準設計の根幹をな

すものである。

International Accounting Standards Board（以下，IASBと略し，国際会計基準審議会と訳する。）の概念フレーム・ワークは，IASBの前身であるInternational Accounting Standards Committee（以下，IASCと略し，国際会計基準委員会と訳する。）により作成された。IASBおよびIASCの概念フレームの変遷は，次の「表3−0」となる。*Framework for the Preparation and Presentation of Financial Statements*（以下，『概念フレーム・ワーク』[1989]と略し，『財務諸表の作成および表示に関するフレーム・ワーク』[1989]と訳する。）は，1989年4月にIASC理事会で承認され，同年7月に公表された。2001年4月に，IASCはIASBへ改組され，『概念フレーム・ワーク』[1989]は，『概念フレーム・ワーク』[2001]としてIASBの概念フレーム・ワークとなった。

表3−0　IASB『概念フレーム・ワーク』の変遷

1989年7月	『財務諸表の作成および表示に関するフレーム・ワーク』が，IASCにより公表
2001年4月	『財務諸表の作成および表示に関するフレーム・ワーク』が，IASBにより承認・公表
2010年9月	『財務報告における概念フレーム・ワーク』[2010]に改訂
2018年3月	『財務報告における概念フレーム・ワーク』[2018]が公表

出典：筆者作成。

その後，2010年9月に*Conceptual Framework for Financial Reporting 2010*（以下，『概念フレーム・ワーク』[2010]と略し，『財務報告における概念フレーム・ワーク』[2010]と訳する。）が公表され，部分的に改訂された[1]。そして，2018年3月に公表された*Conceptual Framework for Financial Reporting 2018*（以下，『概念フレーム・ワーク』[2018]と略し，『財務報告における『概念フレーム・ワーク』[2018]と訳する。）によって，概念フレーム・ワークの整備がおこなわれた。

　以上，新旧の概念フレーム・ワークの内容を，章の構成で示すと，次の「表3−1」のとおりとなる。「表3−1」のとおり，全体の構成として『概念フレーム・

ワーク』[1989]から『概念フレーム・ワーク』[2018]にかけて，根本的に大きな変化は無い，と解釈できる[(2)]。以下では，『概念フレーム・ワーク』[2018]のうち「**表3−1**」の灰色（グレー）で示した部分を対象として明らかにする[(3)]。

表3−1　新旧概念フレーム・ワークの構成

IASC [1989]；IASB [2001] ／ IASB [2010]	『概念フレーム・ワーク』[2018] IASB [2018a]
財務諸表の目的 （IASB [2010] 第1章により改訂）	第1章　一般目的財務報告の目的
基礎となる前提	—（注1）
財務諸表の質的特性	第2章　有用な財務情報の質的特性
（IASB [2010] 第3章により改訂）	第3章　財務諸表および報告企業
財務諸表の構成要素	第4章　財務諸表の構成要素
財務諸表の構成要素の認識	第5章　認識および認識の中止
財務諸表の構成要素の測定	第6章　測定
—（注2）	第7章　表示および開示
資本維持および資本維持の概念	第8章　資本および資本維持の概念

（注1）　IASB [2018a] では，「発生主義」に関しては para.1.17 に，「継続企業」に関しては para.3.9 に代替する記述がある。

（注2）　財務諸表の表示に関しては，IAS No.1『財務諸表の表示』(Presentation of Financial Statements) に規定がある。

出典：IASC [1989]；IASB [2001]；IASB [2010]；IASB [2018a] より筆者作成。

3-1-1.　一般目的財務報告の目的

『概念フレーム・ワーク』[2018]は，財務報告の目的として，企業の財務報告を，誰に対して，何のために報告するかという観点から，次のとおりに述べている。「一般目的財務報告の目的は，現在の投資家，潜在的な投資者，与信者，およびその他の債権者が，企業への資源の提供に関する意思決定をおこなう際に有用な報告企業についての財務情報を提供することである。」(IASB [2018a] para.1.2：以下，同文献の場合，p.またはpara.のみ示す。)

　まず，誰に対しての観点は，財務報告の情報利用者である。『概念フレーム・ワーク』[2018]では，財務報告書の現在の投資家，潜在的な投資者，与信者，およびその他の債権者として挙げられている。つぎに，何のためにという観点は，財務報告の情報利用者にとって，有用な財務情報を提供することである。財務報告または会計の目的が，情報利用者に有用な財務情報を提供するという考え方は，意思決定有用性（情報提供機能）と呼ばれている[4]。

　『概念フレーム・ワーク』[2018]では，財務情報を次の2つに大別している（para.1.4）。

(1)　報告企業の経済的資源，当該企業に対する請求権または資源および請求権の変動に関する情報（para.1.12）。

(2)　企業の経済的資源の使用に関する情報（para.1.22）。

　この2つの観点は，(1)は，企業への将来の正味キャッシュ・インフローの金額，時期，および不確実性に関する情報提供機能を評価するのに役立つ情報（paras.2.2, 3.2）である。(2)は，企業の経営者が企業の経済的資源に関する経営者の受託責任（stewardship）を評価するのに役立つ情報（paras.1.3, 1.4）である。

　前者は，「将来のキャッシュ・インフローの見込み（prospects for future net cash flow）」（paras.3.2）を予測することである。後者は，経営者の受託責任の評価として位置づけられる。このように，『概念フレーム・ワーク』[2018]の意思決定有用性は，財務情報の観点から2つに大別し，情報利用者が将来キャッシュ・インフローの見込みの予測することと，経営者の受託責任の評価という側面から記述されている。

3-2.　有用な財務諸表の質的特性

3-2-0.　質的特性の概要

　質的特性（qualitative characteristics）とは，上述した財務報告の目的を達成する

ために，財務情報に求められる要件のことを指す。『概念フレーム・ワーク』
[2018]は，意思決定有用性に基づく有用な財務情報と質的特性を結びつけ，次
のように述べる。「有用な財務情報の質的特性[5]は，現在および潜在的な投資
者，与信者，およびその他の債権者が報告企業の財務報告に基づき意思決定を
おこなう際に，最も有用となる可能性の高い情報を識別するものである。」
(para.2.1)

　この有用な財務情報の質的特性によって，財務情報に求められる特性と限界
が明確に識別される。『概念フレーム・ワーク』[2018]の質的特性の概念を整
理すると，次の「**表3−2**」のとおりとなる。

表3−2　有用な財務諸表の質的特性とその内容

質的特性	内容			
質的特性	目的適合性		忠実な表現 （実質優先）	
	予測価値，確認価値		完全な描写 中立的な描写（←慎重性） 誤謬がない	
	重要性			
補強的質的特性	比較可能性	検証可能性	適時性	理解可能性
制約条件	コスト制約（コスト・ベネフィット）			

出典：IASB [2018a] pp.A 22-A 29 より筆者作成。

　『概念フレーム・ワーク』[2018]は，有用な財務情報の質的特性を2つに大
別する。それは，基本的質的特性 (fundamental qualitative characteristics) と，補強
的質的特性 (enhancing qualitative characteristics) である。前者は，財務情報が有用
であるための必須条件である。後者は，あると望ましく，基本的質的特性を補
強する条件である。

　また，有用な財務情報の質的特性には，一般的な制約 (pervasive constraint)
があり，財務報告にかかるコスト (cost) がその情報を報告することによる便益
(benefits) により正当化されることが求められている (para.2.39)。これは，コス

ト制約 (cost constraint) と呼ばれ，有用な財務情報を提供するうえでの制約条件
となる。以下では，基本的質的特性と補強的質的特性について述べていく。

3-2-1. 基本的質的特性

『概念フレーム・ワーク』[2018] は，基本的質的特性として，目的適合性
(relevance) と忠実な表現 (faithful representation) を挙げている (para.2.5)。まず，
目的適合性は，(目的適合的な) 財務情報が，利用者がおこなう意思決定に違い
を生み出すことのできる情報とされる (para.2.6)。目的適合性には，予測価値
(predictive value) と確認価値 (confirmatory value) が必要とする。

『概念フレーム・ワーク』[2018] は，予測価値，確認価値，またはその両者
を有する際には，意思決定に違いを生むとする (para.2.7)。予測価値は，将来の
結果を予測するために用いるプロセスへのインプットとして，その情報を使用
できるもの (para.2.8) である。確認価値は，過去の評価を確認する，または，こ
れを変更することができるフィードバックを提供できるもの (para.2.9) である。
すなわち，両者は相互に関係し，過去と将来を比較し，また，過去の予測を修正
し，財務情報の利用者の意思決定の改善につながるものとなる。

また，『概念フレーム・ワーク』[2018] は，目的適合性と関連する概念として，
重要性 (materiality) が必要であるとする。重要性とは，情報がその脱漏や誤表
示により，特定の報告企業に関する財務情報を提供する財務報告に基づいて，
主要な利用者がおこなう意思決定に影響する可能性がある場合のことである。
これは，企業固有の1つの側面であり，個々の企業の財務報告の文脈において，
その情報に関連した項目の性質または大きさ (またはその両者) に基づくもの
とされる (para.2.11)。

つぎに，忠実な表現とは，財務情報が，表現しようとしている現象を忠実に
表現しなければならない性質をいう (para.2.12)。『概念フレーム・ワーク』[2018]
は，忠実な表現であるための情報として，完全 (complete) で，中立的 (neutral)
で，誤謬がない (free from error) という性質を有している必要があるとする
(para.2.13)。

　完全な描写 (complete depiction) は，描写しようとしている現象を利用者が理解するのに必要なすべての情報を含んでいることである (para.2.14)。中立的な描写 (neutral depiction) は，財務情報の選択や表示に偏りがないことである (para.2.15)。誤謬がないは，その現象の記述に脱漏などがなく，報告された情報を作成するのに用いられたプロセスが，誤謬なしに選択され，適用されていることである (para.2.18)。ここで，中立的な描写は，慎重性 (prudence) の行使によって支えられている。慎重性とは，不確実性の状況下で判断をおこなう際に警戒心を行使することである (para.2.16)。

　また，『概念フレーム・ワーク』[2018] は，忠実な表現に関連して，「実質優先」の思考を置いており，次のように述べている。「財務情報は，目的適合性のある現象を表現するだけでなく，表現しようとしている現象の実質 (substance) を忠実に表現しなければならない。多くの場合，経済現象の実質とその法的形式は同じである。もし，それらが同じでない場合には，法的形式に関する情報のみの提供は，経済現象を忠実に表現するものとはならない。」(para.2.12)

　このように，『概念フレーム・ワーク』[2018] は，基本的質的特性として次の2点によって規定した。1点目は，予測価値，確認価値による目的適合性である。目的適合性には，重要性が求められる。2点目は，完全な描写，慎重性に支えられた中立的な描写，および誤謬がないによる忠実な表現である。忠実な表現は，実質優先の考え方が採られている。

　また，基本的質的特性においては，その概念に順序または階層がある。報告企業の財務情報の利用者に有用となる可能性のある経済情報を識別したうえで，目的適合性の高い種類の情報を識別し，当該情報が利用可能で，経済現象を忠実に表現できるかどうかを判断するものとされる (para.2.20)。すなわち，目的適合性が上位概念として，忠実な表現がその下位概念として位置づけられている[6]。

3-2-2. 補強的質的特性

　補強的質的特性は，比較可能性 (comparability)，検証可能性 (verifiability)，適時

性 (timeliness), そして理解可能性 (understandability) の4点がある (para.2.23)。

比較可能性とは, 他の企業に関する類似の情報や, 同一企業の別の期間または別の日に関する類似の情報と比較可能であることをいう (para.2.24)。比較可能性は, 他の質的特性とは異なり, 単一の項目に関するものではなく, 少なくとも2つの項目が必要である。そこで, 『概念フレーム・ワーク』[2018] は, 一貫性 (consistency) と, 統一性 (uniformity) を挙げている。

一貫性は, ある報告企業の期間ごとに, あるいは異なる企業のある単一の期間において, 同じ項目に同じ方法を使用することを指す。比較可能性は, ゴールであり, 一貫性はそのゴールへ達するために役立つものとされる (para.2.26)。統一性は, 比較可能的ではないことを指し, 比較可能であるためには, 同様なものは同様にみえ, 異なるものは異なるようにみえなければならないことである (para.2.27)。

検証可能性は, 知識を有する独立した別々の観察者が, 必ずしも完全な一致ではないが, 特定の忠実な表現であるというコンセンサスに到達し得ることである (para.2.30)。検証には, 直接的検証 (direct verification) と間接的検証 (indirect verification) がある。前者は, 現金実査などの直接的な観察を通じ, その金額などを検証するもの, 後者は, 棚卸計算について先入先出法を用いて期末棚卸高の計算等である (para.2.31) [7]。

適時性は, 意思決定者の決定に影響を与えることができるように, 適時に情報を利用可能とすることである (para.2.33)。最後に, 理解可能性は, 利用者が財務情報を理解可能であることであり, これは情報を分類し, 特徴づけし, 明瞭かつ簡潔に表示することによって理解可能となることである [8] (para.2.34)。このように, 『概念フレーム・ワーク』[2018] は, 補強的質的特性として, 比較可能性, 検証可能性, 適時性, および理解可能性を挙げ, これらは可能な限り最大化すべきものとする (para.2.37)。しかしながら, その概念に対して順序を定めるものではなく, 並列的な概念として位置づけている (para.2.38)。

3-3.　財務諸表の構成要素

3-3-0.　財　務　諸　表

　『概念フレーム・ワーク』[2018]では，財務諸表 (financial statements) を，次のように定義する[9]。「財務諸表とは，一般目的財務諸表すなわち特定形式の一般目的財務報告のことである。これらの財務諸表は，財務諸表の構成要素の定義を満たした，報告企業の経済的資源，企業に対する請求権およびこれらの資源や請求権の変動についての情報を提供するものである。」(para.3.1) そして，財務諸表の目的は，既述した将来キャッシュ・インフローの見込みの予測と，経営者の受託責任とされる (para.3.2)。

　『概念フレーム・ワーク』[2018]における財務諸表は，特定時点の終わり (報告期間 (reporting period)) に作成され，次の2点についての情報を提供する。それは，(1) 報告期間末または報告期間中に存在する資産 (assets)，負債 (liabilities)，および持分 (equity)（未認識のものも含む）と，(2) 報告期間における収益や費用である (para.3.4)。

　すなわち，(1) は財政状態計算書 (statement of financial position) によって表示され，(2) は財務業績計算書 (statement of financial performance) によって示される (para.5.1)。これを整理したものが，次の「表3－3」である。両者は，連携された (linked) ものであり，ある報告期間の期首および期末における財政状態計算書の資産合計から負債合計を差引いたものが持分合計である。当該報告期間中に認識された持分の変動は，財務業績計算書上で認識された収益から費用を差引いたものと，持分請求権の保有者からの拠出から持分請求権の保有者への分配の金額である (para.5.3)。

表3−3　財務諸表とそれらの構成要素

表示内容	財務諸表 (注)	構成要素
財政状態 (financial position)	財政状態計算書 （貸借対照表）	資産（asset） 負債（liability） 持分（equity）
財務業績 (financial performance)	財務業績計算書 （損益計算書） （包括利益計算書）	収益（income） 費用（expense）

(注) 財務諸表の具体的名称は，IASB［2018a］para.5.1にて記述されている。

出典：IASB［2018a］para.4.1 より筆者作成。

　すなわち，これは，財務業績計算書における収益から費用を差引いた純損益（利益）が，最終的に財政状態計算書に組入れられることで，「財務諸表の連携」を示すことになる。ただし，『概念フレーム・ワーク』［2018］では，財務業績計算書から導かれる純利益（earnings）や，財政状態計算書から導かれる包括利益（comprehensive income）に対する用語は示されていない。

　また，財務諸表上採用された視点（perspective adopted in financial statements）として，財務諸表は，当該企業の現在の投資家，潜在的な投資者，与信者，およびその他の債権者の特定の集団の視点からではない。報告企業全体の視点から，取引およびその他の事象についての情報を提供する（para.3.8）。これは，企業主体理論に基づく観点を採用している[10]。また，継続企業の前提（going concern assumption）を挙げている（para.3.9）[11]。

3-3-1. 財務諸表の構成要素

　『概念フレーム・ワーク』［2018］は，財務諸表の構成要素（elements of financial statements）として，「表3−4」の概念とその定義を示している（para.4.2）。以下では，(1) 資産，(2) 負債，(3) 持分，および (4) 収益・費用について述べていく。

表3-4　財務諸表の構成要素の定義

IASB［2018a］第1章で論じた項目	構成要素	定義または記述
経済的資源（economic resource）	資産	過去の事象の結果として，企業によって支配されている現在の経済的資源。 経済的資源とは，経済的便益を生み出す潜在能力を有する権利。
請求権（claim）	負債	過去の事象の結果として，経済的資源を移転する企業の現在の義務。
	持分	企業のすべての負債を控除したのちの資産に対する残余持分。
財務業績により反映される経済的資源と請求権の変動	収益	資産の増加または負債の減少で，持分請求権の保有者からの拠出に関するもの以外の持分の増加を生み出すもの。
	費用	資産の減少または負債の増加で，持分請求権の保有者への分配に関するもの以外の持分の減少を生み出すもの。
その他の経済的資源と請求権の変動	────	持分請求権の保有者からの拠出および持分請求権の保有者への分配。
	────	持分の増加または減少を生じさせない資産または負債の交換。

出典：IASB［2018a］para.4.2より筆者作成。

(1)　資　　産

　資産は，「**表3-4**」のとおりに定義される。すなわち，権利 (right)，経済的便益を生出す潜在能力 (potential to produce economic benefits)，および支配 (control) の3つの側面がある。

　まず，権利には様々なものがあり，他の企業の義務に対応する権利と他業の義務に対応しない権利 (para.4.6)，契約，法令，および同様の手段によって定められるもの (para.4.7)，受取ってただちに消費される財貨および用役 (para.4.8) などがある。

　また，経済的資源を自己から受取る権利を有することはできない (para.4.10)

50

場合もある。企業の権利のそれぞれが別個の資産とされ，権利が物体 (physical object) の法的所有権 (legal ownership) から生じることもある (para.4.11)。さらに，物体の法的所有権から生じる権利のセット (set of rights) は，単一の資産として扱われる (para.4.12)。

　つぎに，経済的便益を生み出す潜在能力に関して，経済的資源は，経済的便益を生み出す潜在能力を持っている権利である。その潜在能力が存在するためには，その権利が経済的便益を生み出すことが確実である必要はなく，可能性が高いことさえ必要ない。必要なのは，権利がすでに存在しており，少なくとも1つの状況において，それがすべての他の関係者に利用可能でない経済的便益を当該企業に生み出すであろうということである (para.4.14)。すなわち，これは，経済的便益を生み出す潜在能力における蓋然性 (probability) がたとえ低いとしても，資産とすることが可能である (para.4.15) とする，思考が背景にある[12]。

(2) 負　　債

　負債は，「表3－4」のとおりに定義される。すなわち，次の3つの条件をすべて満たさなければならない (para.4.27)。

① 　企業が義務 (obligation) を負っていること。

② 　その義務は，経済的資源を移転 (transfer an economic resource) しなければならないものであること。

③ 　その義務は，過去の事象の結果として存在する現在の義務であること。

　①に関しては，これは，企業が義務を負っていることである。(para.4.27)。②は，経済的資源を移転しなければならない義務である (para.4.36) とする[13]。資産と同様，負債においても，経済的資源の移転の蓋然性 (probability) がたとえ低くても，負債の定義とする (para.4.38)。また，経済的資源を移転する義務に関して例を挙げており (para.4.39)，義務の履行に関しての例示をおこない，義務の移転を交渉や第3者への移転によっておこなうことを挙げている[14] (para.4.40)。③の過去の事象の結果としての現在の義務に関して，その義務は，過去の事象の結果として存在する現在の義務である (para.4.42) とする[15]。

(3) 持　　分

　持分は,「**表3－4**」のとおり,すべての負債を控除した後の資産に対する残余持分である (para.4.63)。つまり,持分(純資産)は,資産と負債の差額として定義される。また,持分請求権 (equity claim) は,企業すべての負債を控除した後の資産に対する残余持分に対する請求権である (para.4.64)。これは,企業に対する請求権のうち負債の定義を満たさないものである。ときとして,契約,法律,および類似の手段によって設定されえる場合がある。なお,負債の定義を満たない限りで,次のようなものがある (para.4.64)。

　①　企業によって発行された様々な種類の株式

　②　他の持分請求権を発行する企業のある種の義務

　異なる種類の持分請求権は,その保有者に異なる権利を移転する。『概念フレーム・ワーク』[2018] では,その例を挙げたうえで (para.4.65),持分の項目ごとによって,法律などに関する規定内容が異なることを示している (para.4.66)。このように,残余請求権は,負債を積極的に定義づけた後に,規定されるものである。

(4) 収　益・費　用

　収益および費用は,「**表3－4**」の定義のとおり,資産および負債の増減の要素として,さらに,持分請求権の保有者からの拠出また分配として規定される。このような収益および費用の定義から,持分請求権の保有者からの拠出は収益ではなく,そして,持分請求権の保有者への分配は費用ではないということとなる (para.4.70)。

　このように,収益および費用は,資産および負債の増減の要素ではあるが,収益および費用に関する情報は,資産および負債の提供する情報と同等に重要である (para.4.71)。そこでは,財務情報としては,財政状態と財務業績の両者の重要性を述べている。

3-4. 認 識 と 測 定

3-4-0. 認識および認識の中止

『概念フレーム・ワーク』[2018] において，認識 (recognition) は，次のように定義される。「認識とは，ある項目を財務諸表上，いつ計上するのかということであり，財務諸表の構成要素の定義を満たすことを前提として，認識規準を満たす項目を，財政状態計算書または財務業績計算書に組み入れるプロセスのことである。そして，この認識には，当該項目を言語と貨幣金額によって描写することと，その金額を財政状態計算書や財務業績計算書において集計されることをともなう。」(para.5.1)

このように，『概念フレーム・ワーク』[2018] における認識は，財務諸表に計上することを意味しており，既述したとおり，財務諸表は連携された (linked) ものとする。そこで，収益および費用の認識について次のように述べている[16]。取引またはその他の事象からから生じる資産または負債の当初認識は，収益および関連する費用の両方の同時の認識を生じさせるものとする。これを，原価 (cost) と収益の対応 (matching) と呼ぶ (para.5.5)。

『概念フレーム・ワーク』[2018] における諸概念の適用は，資産および負債の変動の認識から生じる場合には対応につながる。しかし，原価と収益の対応は，『概念フレーム・ワーク』[2018] の目的ではなく，資産，負債，および持分の定義を満たさない項目を財政状態計算書に認識することを認めないとする (para.5.5)。このように，『概念フレーム・ワーク』[2018] は，資産，負債，および持分の当初認識という側面から，収益および費用の認識を生じさせるなかで，限定的に収益と費用の対応を容認する姿勢をとっていることが解る。

また，『概念フレーム・ワーク』[2018] における認識規準 (recognition criteria) は，次のとおりである。「資産または負債およびそれらから生じる収益，費用または持分の変動の認識が財務諸表の利用者に有用な情報を提供する場合のみ，資産または負債は認識される。この場合の有用な情報とは，目的適合性のあ

る情報(17)であり，忠実な表現であることである。」(para.5.7) また，質的特性の基本的質的特性と同様に，認識規準においても，認識するコストが便益を上回ることを挙げ，コスト制約があることを規定している (para.5.8)。

つぎに，認識の中止 (derecognition) は，次のように定義される。「認識の中止とは，企業の財政状態計算書から認識された資産または負債の全部または負債の全部または一部を除去することである。」(para.5.26) 認識の中止は，次のとおり，その項目がもはや資産や負債の定義を満たさなくなったときに，通常，生じる。

(1)　資産について，認識の中止は，通常，当該企業が認識された資産の全部または一部の支配を失ったときに生じる。

(2)　負債について，認識の中止は，通常，当該企業が認識された負債の全部または一部について現在の義務をもはや負わなくなったときに生じる。

このように，認識の中止は，とくに資産および負債について適用されるものであり，財政状態計算書の表示を取り止めることを指している。そして，その目的は，表現の忠実性にあるとされる (para.5.27-5.28)。

3-4-1. 測　　定

『概念フレーム・ワーク』[2018] における測定は，一般に混合測定と呼ばれ，単一の測定をおこなうのではなく，複数の測定基礎 (measurement bases) を組み合わせている。すなわち，資産または負債および関連する収益および費用に関する企業の財政状態と財務業績の両方を，忠実に表現し，目的適合性のある情報を提供するために，複数の測定基礎が必要とされる (para.6.83)。つまり，測定基礎の選択は，既述した質的特性やコスト制約を考慮して決定される。『概念フレーム・ワーク』[2018] が示す測定基礎を整理すると，次の「表3－5」の通りである。以下では，これに従い測定基礎について明らかにする。

54

表3−5　測定基礎の分類

測定基礎	測定基礎の分類	
歴史的原価	歴史的原価	取得原価
時価	公正価値	直接的観察：出口価格（売却時価） それ以外：現在価値
	使用価値（資産） 履行価値（負債）	現在価値
	カレント・コスト	入口価値（購入時価）

出典：IASB［2018a］より筆者作成。

　『概念フレーム・ワーク』［2018］では，まず，測定（measurement）について，次のとおりに述べる。「財務諸表上で認識される要素は，貨幣単位で数値化される。これは，測定基礎の選択が求められる。測定基礎は，測定しようとする項目の例えば，歴史的原価（historical cost），公正価値（fair value），または履行価値（fulfilment value）のような識別された特徴である。資産または負債へ測定基礎を適用することにより，当該資産または負債および関連する収益または費用についての測定値が生み出される。」（para.6.1）

　そして，有用な情報提供の質的特性およびコスト制約を考慮すると，異なる資産，負債，収益，および費用について，異なる測定基礎が選択される結果となる可能性が高いとし（para.6.2），混合測定が採られる。

　『概念フレーム・ワーク』［2018］は，測定基礎を歴史的原価と時価（current value）に大別する。まず，歴史的原価による測定は，資産，負債，および関連する収益および費用に関する貨幣的情報を，それらを創出した取引または事象から，少なくとも部分的に導き出された情報を用いて提供する。時価と異なり，歴史的原価は，資産の減損や負債が不利になることに関連した変動を除き，価値の変動を反映しない（para.6.4）。すなわち，歴史的原価は，取引または事象を基礎として，貨幣額に記録し，資産の減損等による例外的なものを除いて，価値変動を反映させないものである。

　また，歴史的原価の構成内容に関して，取得または製造時の資産の歴史的原価は，当該資産の取得または製造するために支払った対価と取引コストから構成され，当該資産を取得または製造するために生じたコストの価値である (para.6.5) とする。これは，取得原価を意味し，歴史的原価に取引コスト (transaction costs) を加えたものである[18]。

　つぎに，時価について，次のように定義する。「時価による測定値は，資産，負債，および関連する収益および費用に関する貨幣情報を測定日現在の状況を反映するように更新された情報を使用して提供する。この更新により，資産および負債の時価は，前回の測定日以降の当該時価に含まれているキャッシュ・フローの見積りおよび他の要因の変動を反映する。」(para.6.10) すなわち，時価は，測定日現在の状況を反映した情報を提供し，その時点におけるキャッシュ・フローの見積りなどの変動を反映しているものである。さらに，時価は，次の測定基礎を含む (para.6.11)。

(1)　公正価値

(2)　資産についての使用価値 (value in use) および負債についての履行価値

(3)　カレント・コスト (current cost)

　まず，(1) について，公正価値とは，「測定日現在で，市場参加者間の秩序ある取引において，資産を売却するために受取るであろう価格または負債を移転するために支払うであろう価格である。」(para.6.12) 公正価値は，当該企業がアクセスした市場の市場参加者の観点を反映し，直接観察可能である場合は，出口価値をとり，そうでない場合は，現在価値による測定がおこなわれる。

　つぎに，(2) の使用価値および履行価値に関して，次のように定義される。「使用価値とは，資産の使用とその最終的な処分から得られると見込まれるキャッシュ・フローまたはその他の経済的便益の現在価値である。」(para.6.17) また，「履行価値とは，負債の履行時に移転しなければならないと見積もられるキャッシュまたはその他の経済的資源の現在価値である。」(para.6.17)。両者は，名称と測定対象が異なるが，ともに現在価値であることにほかならない。

　(3) のカレント・コスト (現在原価) は，次のように定義される。「カレント・

コストとは，測定日において発生するであろう取引コストからなる，測定日における同等の資産のコストである。」（para.6.21）カレント・コストは，言い換えれば，入口価値（entry value），購入時価，または再調達原価（replacement cost）と呼ばれる概念である。

そして，歴史的原価と時価を選択する際に，測定基礎が財政状態計算書と財務業績計算書の両方に生じさせる情報の性質を検討することが重要であるとする（para.6.23）。また，特定の測定基礎によって提供される情報については，『概念フレーム・ワーク』[2018]で詳細に示されている（pp.A67-A71 Table6.1）。

そのうえで，測定基礎の選択上考慮すべき要素として，質的特性の基本的質的特性を満たすとともに，補強的質的特性についてもできるだけ満たすべきこと，また，制約としてコストの制約も要求する（para.6.45）。すなわち，測定基礎の選択の視点として，財務情報の目的適合性が向上するか否かの観点から選択するものであるとされる[19]（para.6.43）。

3-5. 日本への波及効果

日本では，現時点では概念フレーム・ワークが存在していないが，それに相当するものとして，企業会計基準委員会（以下，Accounting Standards Board of Japanと訳し，ASBJと略する。）が2006年に公表した討議資料『財務会計の概念フレームワーク』（以下，『概念フレームワーク』[2006]と略す。）がある。

『概念フレームワーク』[2006]では，「日本の会計基準及び財務報告の基礎となる概念を定める概念フレームワークの整備が，会計基準の国際的収斂に向けた国際的な場での議論に資するものと確信している」（ASBJ [2006]前文v頁；以下，同文献の場合，頁または項のみ示す。）として，国際的な会計基準の潮流のなかでの必要性を述べている。しかしながら，あくまで，討議資料に止めている理由として，次のように記述する。

「現在，国際会計基準審議会（IASB：筆者加筆）と米国財務会計基準審議会（FASB：筆者加筆）により共通の概念フレームワーク策定に向けた共同作業が行

われていることに鑑みると，このタイミングで概念フレームワークを公開草案という形で公表することは適切ではないと懸念もあるかもしれない。そこで，無用な混乱と誤解を避けるために，当委員会（ASBJ：筆者加筆）は，概念フレームワークの討議資料として公表することにとどめ，コメントは求めないことにした。その意味では，本討議資料（『概念フレームワーク』［2006］：筆者加筆）は，我が国の様々な会計基準についての概念的な基礎を提供するための努力の一環として，当委員会がこれまで数年にわたっておこなってきた議論の結果を示すという性質を有する。」(前文 v - vi 頁)

　このように，『概念フレームワーク』［2006］は，日本の2006年当時の会計基準の国際的収斂（convergence；コンバージェンス）における議論を整理したものである。その内容は，ASBJまたは日本が，IASBおよびFASBに対してフォロワーとしての立場を取っていることが解る。さらに，ASBJは次のとおりに記述する。「本討議資料（『概念フレームワーク』［2006］：筆者加筆）は，当委員会（ASBJ：筆者加筆）の今後の国際的な場での議論への参加，特に国際会計基準審議会と米国財務会計基準審議会による共通の概念フレームワーク策定に向けた共同プロジェクトへの積極的な参加を通じて，さらに進化することになろう。」(前文 vi 頁)

　このように，『概念フレームワーク』［2006］では，IASBおよびFASBの共通の概念フレーム・ワークの策定と参加にともない，日本の概念フレーム・ワークを成案として進展させることを示唆するものであった。しかしながら，2012年以降，IASBおよびFASBの概念フレーム・ワークの共同プロジェクトは解消された（IASB［2012］）。この国際的な状況・背景が，JP-GAAPへの波及効果をもたらした。

　日本への波及効果の1点目は，企業会計審議会［2013］によって，IFRSの強制適用を見送る（企業会計審議会［2013］2-4頁）立場をとることが明文化されたことがある。これによって，2006年当時に想定されていた会計基準の国際的収斂または導入（adoption；アドプション）に対する到達点は，未だ明示されることなく現在（2020年）に至っている。

　日本への波及効果の2点目は，依然として日本における概念フレーム・ワー

58

クが策定されずにいることである。IASBおよびFASBが個別にプロジェクトを進めている以上，日本においても，国際的なフォロワーとしての立場とは切り離して，個別に概念フレーム・ワークの策定が必要不可欠である，と解される。その意味で，IASBによる『概念フレーム・ワーク』[2018]は，日本における概念フレーム・ワーク設計に影響を及ぼすことが望まれる。

演習問題 3.
演習問題 3 − 1.　概念フレーム・ワークの役割はなにか。20 字以内で簡潔に述べなさい。
演習問題 3 − 2.　概念フレーム・ワークにおける意思決定有用性，財務情報の観点から分類した際，2 つの観点をそれぞれ 25 字以内で述べなさい。
演習問題 3 − 3.　概念フレーム・ワークにおける質的特性のうち，目的適合性について 120 字以内で述べなさい。
演習問題 3 − 4.　概念フレーム・ワークにおける資産の定義について，70 字以内で記述しなさい。
演習問題 3 − 5.　概念フレーム・ワークにおいて測定基礎を選択する理由について，50 字以内で述べなさい。

3-6. Check Point

　以上，本章では，概念フレーム・ワークにおける，財務報告の目的が意思決定有用性であることを論じてきた。意思決定有用性を達成するために，財務諸表の質的特性は，基本的質的特性である目的適合性と忠実な表現が最重要視されている。概念フレーム・ワークにおける財務諸表は，財政状態計算書と財務業績計算書であり，前者は資産，負債，および持分を表示し，後者は費用および収益を表示する。

　財務諸表の構成要素は資産と負債を中心として定義され，従属的に持分，収益，および費用を位置づけている。また，認識および認識の中止と測定においても，資産および負債を中心とした規定がなされ，財務諸表へ計上するための規定がなされている。さらに，認識および認識の中止の基準，そして測定基礎の選択においては，目的適合性と忠実な表現の観点から規定され，包括的にす

べての概念の基礎となっていることが明らかとなった。

　本章を学んだ読者は，次のことができるようになる。

＊　概念フレーム・ワークの役割を説明することができるようになる。

＊　財務報告の目的と財務情報の質的特性を説明することができるようにな
　る。

＊　財務諸表の構成要素と認識・測定を説明することができるようになる。

注釈

（1）　　IASB［2010］は，もともと米国財務会計基準審議会（以下，Financial Accounting
　　　Standards Boardと訳し，FASBと略す。）との共同プロジェクトの成果として公表され
　　　た。しかし，共同プロジェクトはその後休止状態となり，2012年からIASBの単独プロ
　　　ジェクトとして，『概念フレーム・ワーク』［2018］が作成された。共同プロジェクトお
　　　よびその後の単独プロジェクトについては，IASB［2012］を参照。

（2）　　IASB［2018b］では，『概念フレーム・ワーク』［2018］の変更点として，次の点を挙げて
　　　いる（IASB［2018b］p.4）。新設として，第6章 測定，第7章 表示および開示，第5章 認識
　　　中止。アップデートとして，第4章 定義，第5章 認識。明確化として，第1章 受託責任，
　　　第2章 慎重性，第5・6章 測定の不確実性，第4章 実質優先。詳しい点については，藤井
　　　［2019］36-42頁によって，整理・検討されている。

（3）　　本章では，紙幅の都合上，第7章 表示および開示と第8章 資本および資本維持の概念
　　　は省略する。『概念フレーム・ワーク』［2018］における表示および開示の目的は，「財務
　　　諸表における効果的なコミュニケーションを支援すること」（para.7.5）にあり，具体的
　　　には，財務諸表の構成要素である資産，負債，純資産（持分），収益，および費用を分類
　　　し（paras.7.7-7.14），集約する（paras.7.20-7.22）。また，純損益（純利益）と，その他包
　　　括利益（other comprehensive income）の関係（paras.7.15-7.18）と，その他の包括利益
　　　が組替えられる（reclassified）ことについて述べられている（para.7.19）。また，資本は，
　　　「投下された貨幣または貨幣収益力，もしくは純資産または所有主持分と同義のもの」
　　　（para.8.1）である。資本維持とは，企業が期末時点で期首と同一量の資本を維持する
　　　ことを示す。『概念フレーム・ワーク』［2018］では，貨幣資本維持概念（financial capital
　　　maintenance）として，名目資本維持および実質資本維持，物的資本維持（実体資本維持）
　　　（physical capital maintenance）を挙げている（paras.8.3-8.8）。

（4）　　会計の目的は，一般的に2つに大別される。それは，利害調整機能（会計責任機能）と
　　　情報提供機能である（井尻［1968］p.91）。利害調整機能（会計責任機能）は，組織に関わ
　　　る様々な利害関係者の持分を調整することに焦点を当てたものであり（AAA［1971］p.

7)，情報提供機能は，経営者による経営上の意思決定および投資家による投資意思決定を援助することを目的としている（AAA［1971］pp.6-7）。

（5）　IASBは原則主義（principle-based）を採用しているが，直接的には概念フレーム・ワーク上にその文言は登場しない。原則主義とは，有用な財務情報の質的特性を例とすると，質的特性を満たす測定規準が，公正価値測定であるようになる。すなわち，概念フレーム・ワークが，会計規準の基準として機能し，数値基準を含む詳細な規定および極力例外規定は設けないことを指す。

（6）　目的適合性と表現の忠実性は，さらに，トレード・オフ関係でなければならないとされる。それは，ある経済事象についての最も目的適合性のある情報が，非常に不確実性の高い見積もりある場合，その見積もりをおこなうために含まれる測定の不確実性が高くなる。その現象について十分に忠実な表現を提供することについて疑わしいときでも，目的適合性を重視して測定値とする（para.2.22）。この点においても，『概念フレーム・ワーク』［2018］が，目的適合性を最重要視していることが示されている。

（7）　『概念フレーム・ワーク』［2018］では，説明や将来予測する財務情報のなかには，将来の期間まで検証が可能でないものもある。利用者がその情報を利用したいかどうかを判断するのに役立てるために，通常，基礎となる仮定，情報の収集方法，および当該情報の根拠となる他の要因および状況を開示することが必要と指摘する（para.2.32）。

（8）　ここでの利用者は，財務報告に対して事業および経済活動についての合理的な知識を有し，情報を入念に検討し分析する者を想定している（para.2.36）。

（9）　『概念フレーム・ワーク』［2018］の第3章では，財務諸表とともに報告企業（reporting entity）についても定義している。すなわち，「報告企業とは，財務諸表を作成することが要求される，または選択し企業のことである。この場合，報告企業は，単一の企業または単一の企業の一部，または1つ以上のものから構成される。そして，報告企業は必ずしも法的な企業である必要はない。」（para.3.10）報告企業の観点から，財務諸表は，連結財務諸表（consolidated financial statements），非連結財務諸表（non-consolidated financial statements），および結合財務諸表（combined financial statements）に分類される。連結財務諸表は，ある企業（親会社）が，他の企業（子会社）を支配（control）しているときである。非連結財務諸表（すなわち，個別財務諸表）は，報告企業が当該親会社のみであるときである（para.3.11）。また，結合財務諸表は，報告企業がすべて親子会社関係によって結合していない2つ以上の企業によって成り立つときに該当する。また，連結財務諸表においては，「単一の報告企業として，親会社と子会社の両方の資産，負債，持分，収益，および費用についての情報を提供するもの」（para.3.15）とし，連結財務諸表において，経済的単一体説が採られていることを示している。

（10）　企業主体論（entity theory）とは，企業を資本主または所有主から独立した1つの実体としてみなす会計理論のことである。

(11)　　継続企業の前提とは,継続企業の公準とも呼ばれ,企業が永続的に存続するものと仮定して会計をおこなうものとする,前提条件の1つである。

(12)　　本書の序章で述べたとおり,『概念フレーム・ワーク』[2018]は,これまでの蓋然性(規準)または発生の可能性の高さ(probability)を削除することとなった。

(13)　　この規準を満たすためには,この義務は,他の企業への経済的資源の移転を企業に要求する潜在能力がなければならない。この潜在能力が存在するために,企業は経済的資源の移転を要求されることが確実である必要はなく,可能性が高いことさえも必要ない。しかし,この移転は,例えば,特定の不確実な将来の事象が発生したときにのみ要求されるものだろう。そして,ただ1つ要求されることは,義務はすでに存在していなければならず,企業が経済的資源の移転を要求される状況が少なくても1つはなければならないということである(para.4.37)。

(14)　　義務の履行には,未履行契約(executory contract)も含まれる。未履行契約とは,同等に未履行である契約または契約の一部であり,いずれの当事者も自らの義務を全く履行していないか,または両方の当事者が自らの義務を同じ範囲まで部分的に履行している状況のことである(para.4.56)。未履行契約は,経済的資源を交換する組合された権利および義務を設定する。この権利および義務は,相互依存的であり分離できない。したがって,この組合された権利と義務は,単一の資産または負債を構成する(para.4.57)。そして,未履行契約は,契約当事者のどちらかが義務を履行した範囲で資産または負債になるとされる(par.4.58)。

(15)　　これに関して,次の2点をいずれも満たす場合,過去の事象の結果として,現在の義務が存在するとする(para.4.43)。

①　企業は,すでに経済的便益を受取っているか,または活動をおこなっている。

②　その結果として,企業は,移転していないのであれば,経済的資源を移転しようとしているか,または,しなければならない。

　　この場合,①の受取った経済的便益には,例えば,財貨または用役が含まれる可能性がある。また,おこなった活動には,例えば特定の事業をおこなうことや,特定の市場における営業が含まれる可能性がある。経済的便益の受取りまたは活動が一定期間に亘りおこなわれる場合には,現在の義務は一定期間に亘り累積する(para.4.44)。

(16)　　収益および費用の認識について,資産および負債の観点から次のように示している(para.5.4)。

①　収益の認識は,次のものと同時に生じる。

　(a)　資産の当初認識,または資産の帳簿価額の増加

　(b)　負債の認識の中止,または負債の帳簿価額の減少

②　費用の認識は,次のものと同時に生じる。

　(a)　負債の当初認識,または負債の帳簿価額の増加

(b)　資産の認識の中止，または資産の帳簿価額の減少

(17)　逆に，目的適合性がない場合の例として，次の2点を挙げている（para.5.12）。

①　資産または負債が存在するか否か，不確実（uncertain）である場合

②　資産または負債が存在するが，経済的便益の流入または流出の蓋然性が低い場合。

①は，存在の不確実性（existence uncertainty）に関しては，経済的便益の流入または流出の蓋然性が低いこと，例外的に広い範囲の結果となる可能性とが複合した不確実性の場合には，単一の金額で必ずしも資産または負債を認識することは，目的適合的な情報を提供できないとする（para.5.14）。

②は，資産または負債がたとえ経済的便益の流入または流出の蓋然性が低い場合であっても，存在する場合がある（para.5.15）。この場合，当該資産または負債についての最も目的適合性のある情報は，可能な流入または流出の程度，それらの可能な時期およびそれらの発生の蓋然性に影響を及ぼす要素に関する情報であろう。典型的な表示場所として，注記を挙げる（para.5.16）。

(18)　ただし，歴史的原価も修正がおこなわれる。それは，資産の歴史的原価において，次のものを描写するために時の経過とともに修正されるものである（para.6.7）。

①　当該資産を構成する経済的資源の一部または全部の消費（減価償却または消却）

②　当該資産の一部または全部を消滅させるために受取った支払額

③　当該資産の歴史的原価の一部または全部がもはや回収可能でないという原因を生じされる事象の影響（減損）

④　当該資産の金利的要素を反映する利息の発生

(19)　財務情報の目的適合性が向上するか否かの観点から選択することについて，次の2点を挙げている（para.6.49）。

①　資産および負債の特徴

②　将来キャッシュ・フローへの寄与の方法

①の資産および負債の特徴とは，当該項目のキャッシュ・フローの変動可能性の性質と，当該項目の価値の市場要因または他のリスクに対する感応度を挙げている（para.9.50）。②は，過去のキャッシュ・フローへの寄与の観点から測定基礎を選択するのではなく，将来キャッシュ・フローに対して測定基礎の選択をおこなうことを述べており，どのように経済的資源が使用されているのか，そして，どのように資産およぶ負債がキャッシュ・フローを生み出す観点からは，部分的には，当該企業においておこなわれている事業活動の性質に依存される（para.6.54）とする。

引用文献

（1）　AAA［1971］："Committee on Foundation of Accounting Measurement," *the Accounting Review*, Vol.46, Supplement, pp.1-48, American Accounting

Association.

（2）ASBJ[2006]：「討議資料『財務会計の概念フレームワーク』」企業会計基準委員会。

（3）藤井秀樹[2019]：「第3章　IASB概念フレーム・ワークの全体像」岩崎勇編著[2019]『IASBの概念フレーム・ワーク』税務経理協会，33-46頁。

（4）IASB[2001]：*Framework for the Preparation and Presentation of Financial Statements*, International Accounting Standards Board.

（5）IASB[2010]：*Conceptual Framework for Financial Accounting 2010*, International Accounting Standards Board.

（6）IASB[2012]：*Conceptual Framework（Paused）*, Project, Work Plan for IFRSs, Conceptual Framework, International Accounting Standards Board, Page Last Updated: 4 October 2012.

（7）IASB[2013]：*IFRS 13, Fair Value Measurement*, International Accounting Standards Board.

（8）IASB[2018a]：*Conceptual Framework for Financial Reporting 2018*, International Accounting Standards Board.

（9）IASB[2018b]：*Conceptual Framework for Financial Reporting 2018*, Project Summary, International Accounting Standards Board.

（10）IASC[1989]：*Framework for the Preparation and Presentation of Financial Statements*, International Accounting Standards Committee.

（11）井尻雄士[1968]：「会計測定の基礎―数学的・経済学的・行動学的探求―」東洋経済新報社。

（12）企業会計審議会[2013]：『国際会計基準（IFRS）への対応のあり方に関する当面の方針　平成25年6月19日』金融庁企業会計審議会。

第Ⅱ編
キャッシュ・フロー計算書

　キャッシュ・フロー計算書は，財政状態計算書および財務業績計算書に並び基本財務諸表の1つである。IAS 7は1997年1月1日以後開始された事業年度から発効しており，上場企業のキャッシュ・フロー計算書の開示が義務付けられている。

　キャッシュ・フロー計算書は，次の3つに区分されている（「表4」参照）。

＊営業活動によるキャッシュ・フロー：企業の本業による資金の増減額を取引ごとに表示する。

＊投資活動によるキャッシュ・フロー：設備投資・余剰資金運用による資金の増減額を取引ごとに表示する。

＊財務活動によるキャッシュ・フロー：資金調達・借入金返済による資金の増減額を取引ごとに表示する。

　キャッシュ・フローは，取引から生じる経営価値を結果という側面から捉えている。すなわち，キャッシュの流入時ないしは流出時に計上する。したがって，企業サイドからの恣意的な操作を防ぐ効果がある。そのことで，キャッシュ・フロー計算書の利用者からすると，信憑性のある財務表となる。

　また，1950年代に提唱された資金繰りは，資金管理へと，キャッシュ・フロー計算書の利用目的がおおきく変わっていった。確かに，中小企業では，会計上の黒字が計上されているにも拘わらず，倒産していく事例がある。本編では，上場企業を前提として書かれている。したがって，上場企業においては，支払いに必要なキャッシュを企業内にストックし，どれだけのキャッシュを投資できるのか，どのような方法でキャッシュを獲得できるのか，というポートフォ

66

リオを組むことができる。

　最後に，一会計期間という単位でみれば，期間収支の額と期間損益の額が一
致しないこともある。ところが，複数の会計期間でみると，両者の差額は小さ
くなる。その意味では，財務業績計算書よりもキャッシュ・フロー計算書の方
が信憑性の高い計算書となる。

表4　キャッシュ・フロー計算書（直接法）

y_i 年 m_{12} 年 d_{31} 日に終了する年度	
Ⅰ　営業活動によるキャッシュ・フロー	
営業収入	XXX
仕入支出	(XXX)
人件費支出	(XXX)
その他の営業支出	(XXX)
営業活動によるキャッシュ・フロー	XXX
Ⅱ　投資活動によるキャッシュ・フロー	
機械・設備の購入による支出	(XXX)
投資有価証券の売却による収入	XXX
投資活動によるキャッシュ・フロー	(XXX)
Ⅲ　財務活動によるキャッシュ・フロー	
社債発行による収入	XXX
配当支出	(XXX)
財務活動によるキャッシュ・フロー	XXX
Ⅳ　現金及び現金同等物の増加額	XXX
Ⅴ　現金及び現金同等物期首残高	XXX
Ⅵ　現金及び現金同等物期末残高	XXX

第4章　キャッシュ・フロー計算書の作成

4-0. Focus

　International Accounting Standard（以下，IASと略し，国際会計基準と訳す。）7は，2016年に改訂された（以下，IAS 7と略す。）。キャッシュ・フロー計算書は，財政状態計算書および財務業績計算書に並び基本財務諸表の1つである。当該計算書は，企業の一会計期間におけるキャッシュ・フローを，現金および現金同等物の流入と流出の状況を営業活動・投資活動・財務活動ごとに区分して表示する。また，現金は，手許現金と要求払預金からなる。現金同等物は，短期流動性の高い投資のうち，容易に一定金額に換金可能であり，かつ価値の変動について僅少なリスクしか負わないものであるとする（IAS 7, para.6）。さらに，現金同等物の例として，取得日から3か月以内といった短期の償還期日をもつ投資，一定の償還日のある優先株式のうち取得したときに，残存期間が短期であったもの，企業の資金管理に不可分な構成部分である信用限度枠内の当座借越を列挙している（IAS 7, paras.7-8）。キャッシュの流れから，企業の現金創出能力や支払い能力，また利益の質が伺い知れる。IAS 7は1997年1月1日以後開始された事業年度から発効しており，上場企業のキャッシュ・フロー計算書の開示が義務付けられた。

　本章の学習のポイントは，次のとおりである。

＊キャッシュ・フロー計算書の作成目的を理解できるようにする。

＊キャッシュ・フロー計算書の定義と位置づけを理解できるようにする。

＊キャッシュ・フロー計算書の作成方法には，2通りあることを理解できるよ

うにする。

4-1. キャッシュ・フロー計算書の目的

　企業のキャッシュ・フローに関する情報によって，財務諸表の利用者は，当該企業がキャッシュを生成する能力を明らかにできる。また，当該キャッシュ・フローを，利用者が投資目的や与信目的のために表示する。それを，利用者が分析することによって，企業価値の評価をするための基礎となる。利用者が経済的意思決定をおこなうには，企業がキャッシュを生成する能力，ならびにその生成の時期および確実性を検証する必要がある。

　IAS 7におけるキャッシュ・フロー計算書の目的は，期中のキャッシュ・フローを営業，投資，および財務の活動に分類し，企業のキャッシュの変動実績に関する情報を提供することである。このようななかで，2007年9月，International Accounting Standards Board（以下，IASBと略し，国際会計基準審議会と訳す。）は，2007年のIAS 1『財務諸表の表示』を改訂した結果，IAS 7の表題を "Cash Flow Statements" から "Statement of Cash Flows" に改めた。

　IASBおよびFinancial Accounting Standards Board（以下，FASBと略し，米国財務会計基準審議会と訳す。）は，2004年から共同プロジェクトとして「財務諸表の表示」を改善することを検討してきた。IASBは，その成果を2010年7月に公開草案（ED）IFRS X『財務諸表の表示』として公表した（IASB［2010］）。その中心的課題のなかで，キャッシュ・フロー計算書を含めて財務諸表の連携性を明確にすることが挙げられた。そのためには，財務諸表科目の細分化原則と連携性原則を定めた。また，財務諸表書区分のために，セクションおよびカテゴリーを設定したのである。さらに，内部資金の源泉である営業活動によるキャッシュ・フローの表示法を直接法に限定し，資金概念を「現金（キャッシュ）」と定めた。

4-2. IAS 7 の定義

　次の用語は，IAS 7の基準において特定化された意味で用いられている。

(1)　現金とは，手許現金と要求払預金である。

(2)　現金同等物とは，短期の流動性の高い投資のうち，容易に一定の金額に換金可能であり，かつ価値の変動について僅少なリスクしか追わないものである。

(3)　キャッシュ・フローとは，現金および現金同等物の流入と流出である。

(4)　営業活動とは，企業の主たる収益獲得活動およびその他のうち，投資活動でも財務活動でもないものである。

(5)　投資活動とは，長期性資産および現金同等物に含まれない他の投資の取得および処分である。

(6)　財務活動とは，当該企業の拠出資本および借入の規模による構成に変動をもたらす活動である。

4-3. キャッシュ・フロー計算書の位置づけ

　IAS 7 およびJapan Generally Accepted Accounting Principles（以下，JP-GAAPと略し，日本基準と訳す。）は，キャッシュ・フロー計算書を基本財務諸表の1つとして位置付けている。そのために，監査の対象となる。

　キャッシュ・フロー計算書は，一会計期間の営業活動によるキャッシュ・フロー（Cash Flows From Operating Activitiesと訳し，OCFと略す。），投資活動によるキャッシュ・フロー（Cash Flows From Investing Activitiesと訳し，ICFと略す。），および財務活動によるキャッシュ・フロー（Cash Flows from Financing Activitiesと訳し，FCFと略す。）を表す。これは，キャッシュ・フロー計算書の比較財政状態計算書における各項目の変動の原因を説明するために役立つのである。また，キャッシュ・フロー計算書は，一会計期間の経営活動からのキャッシュ・フローを示すことから，財務業績計算書の各項目とも関係している。

　ところで，財政状態計算書①および⑤は，資産，負債，および持分 (純資産) の
一覧表を示すものである (「図4」参照)。資産の合計は，負債と持分 (純資産) の合
計と一致する。資産の構成状況は，企業の資金運用に関わる意思決定の結果を
表す。負債および持分 (純資産) の構成状況は，企業の財務意思決定の結果を表
す。資産および負債は，流動・非流動基準で分類され，現金または現金同等物
基準，または取得原価基準で測定される。さらに，持分 (純資産) は，拠出資本額
であるかどうかを基準として，拠出資本と利益留保額に分類される。

　つぎに，財務業績計算書②は，収益，費用，およびその差額として，企業の一
会計期間の利益である営業活動の結果を表す。収益は，稼得した資産または負
債の増減の原因を表す。また，費用は，収益を稼得するために使用された資産
の流出もしくは負債の増加の原因を表す。企業は，収益から生じる資産を，費
用として消費した資産以上に生み出そうと努力する。

　最後に，持分変動計算書④は，期首および期末の財政状態計算書におけるす
べての変動の純額を表す。これについては，キャッシュ・フローを伴う変動だ
けでなく，キャッシュ・フローを伴わない変動も含まれる。また，IFRSにおい
て，キャッシュ・フロー計算書は，主要な財務諸表に含まれ，2期間の財政状態
計算書，財務業績計算書，およびキャッシュ・フロー計算書③を総括する計算
書として機能するのである (鎌田 [2006] 7-8頁)。

　なお，「図4　財務諸表の関係」が，上述した主要な財務諸表の関係を明らか
にしたものとなっている。

図4 財務諸表の関係

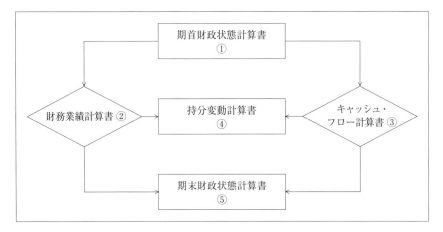

(出典) 鎌田信夫 [2006]：『キャッシュ・フロー会計の原理 新版第2版』税務経理協会 8頁。

4-4. キャッシュ・フロー計算書の表示

4-4-0. 営業活動によるキャッシュ・フロー

IAS 7とJP-GAAPでは，営業活動によるキャッシュ・フローを直接法あるいは間接法で表示する選択適用を認めている。「表4-1 IAS 7 キャッシュ・フロー計算書（直接法）y_i年度」は直接法によるキャッシュ・フロー計算書で，「表4-2 IAS 7 キャッシュ・フロー計算書（間接法）y_i年度」は間接法によるキャッシュ・フロー計算書を表示している。

これに対して，IASBが2010年に改訂したIFRS Xは，財務諸表の連携性を重視して間接法を認めていない。営業損益の営業キャッシュ・フローへの調整は，キャッシュ・フロー計算書に注記させることになっている。

IASBは，直接法を採択した理由を次のように述べている。

(1) 多くの財務諸表利用者にとって，直観的で理解可能である。

(2) 将来キャッシュ・フローの予測能力を改善する。

72

(3) 企業の現金循環期間についての洞察および包括利益計算書に表示される収益および費用とキャッシュ・フローとの関係に対する理解を改善する。

(4) 営業キャッシュ・フローと営業利益の調整表が添付されれば，財政状態計算書とキャッシュ・フロー計算書は連携する。

(5) 合理的な意思決定に導く情報を提供し，また優れた技術を持つアナリストが計算した結果より適切な情報を提供する。

(6) 今日ではできないトレンド分析および比較分析をおこなう情報を提供する (IASB [2010])。

以上，述べたとおりに，直接法による収益科目は，当期に実現した価値で測定されている。だから，比較可能性ならびに適時性を有し，また，理解しやすいのである。しかし，直接法のキャッシュ・フロー計算書が提供する便益は，作成コストを上回らないと主張して，直接法の開示に反対している作成者もいる。また，IASBは，前述した直接法のメリットが他にもある，と述べている。実態調査に参加した大多数のアナリストは，直接法のキャッシュ・フロー計算書が間接法のキャッシュ・フロー計算書より，財務諸表利用者の意思決定に有用である，と考えている。上記の理由から，直接法を支持したのである (鎌田 [2017] 135-137頁)。

表4-1　IAS 7　キャッシュ・フロー計算書（直接法）y_i 年度

営業活動によるキャッシュ・フロー	
得意先からの現金収入	XXX
仕入先および従業員に対する現金支出	(XXX)
営業活動による現金創出	XXX
利息支出	(XXX)
法人所得税支出	(XXX)
営業活動による正味キャッシュ・フロー	XXXX

表4-2　IAS 7　キャッシュ・フロー計算書（間接法）y_i 年度

営業活動によるキャッシュ・フロー		
税引前当期純利益		XXX
調整：		
減価償却費		XXX
為替差損		XXX
投資収益		(XXX)
支払利息		XXX
		XXXX
売掛金および未収金の増加	(XXX)	
棚卸資産の減少		XXX
買掛金の減少		(XXX)
営業活動による現金創出		XXX
利息支出	XXX	
法人所得税支出	XXX	
営業活動による正味キャッシュ・フロー		<u>XXXX</u>

4-4-1. 投資活動によるキャッシュ・フロー

　投資活動から生じるキャッシュ・フローの区分開示は，将来の収益および キャッシュ・フローの生成を意図した資源に対して，どの程度の投資がおこなわれたのかを表すものであるため，重要である。財政状態計算書において，資産が認識される。その結果として支出される。その場合に限り，投資活動に分類される要件を満たすのである。投資活動から生じるキャッシュ・フローの例としては，次のとおりである。

(1) 有形固定資産，無形固定資産，およびその他の長期資産を取得するための支出である。これらの支出には，資産計上された開発費および自家建設による有形固定資産に関連する支出が含まれている。

(2) 有形固定資産，無形固定資産，およびその他の長期資産の売却による収

74

入である。

(3) 他企業の資本性金融商品または負債性金融商品および共同支配企業に対する持分を取得するための支出（現金同等物とみなされる金融商品または売買目的保有の金融商品に関する支出を除く）である。

(4) 他企業の資本性金融商品または負債性金融商品，および共同企業に対する持分の売却から生じる収入（現金同等物とみなされる金融商品または売買目的保有の金融商品に関する収入を除く）。

(5) 他企業に対する貸出し（金融機関による貸出しを除く）である。

(6) 他企業に対する貸出し（金融機関による貸出しを除く）の返済による収入である。

(7) 先物契約，先渡契約，オプション契約，およびスワップ契約による支出である。ただし，その契約が売買目的で保有される場合，またはその支出が財務活動に分類される場合を除く。

(8) 先物契約，先渡契約，オプション契約，およびスワップ契約による収入である。ただし，その契約が売買目的で保有される場合，またはその収入が財務活動に分類される場合を除く。

契約が識別可能なポジションのヘッジ手段として会計処理される場合には，当該契約のキャッシュ・フローは，ヘッジ対象であるポジションのキャッシュ・フローと同じ区分に分類される。

4-4-2. 財務活動によるキャッシュ・フロー

財務活動から生じるキャッシュ・フローの区分開示は，企業への持分提供者による将来キャッシュ・フローに対する請求権を予測する上で有用であるため，重要である。財務活動から生じるキャッシュ・フローの例としては次のとおりである。

(1) 株式またはその他の資本性金融商品の発行による収入である。

(2) 企業自身の株式の買戻しまたは償還のための，所有者への支出である。

(3) 社債，借入金，手形借入金，抵当権付借入，およびその他の短期または長期の借入れによる収入である。

(4) 借入金の返済による支出である。

(5) ファイナンス・リースに係る負債残高を減少させるための，借手の支出である。

4-5. 財務諸表の構造による新セクションとカテゴリー

　「表4-3 キャッシュ・フロー計算書のIAS 7とIFRS Xの比較」は，キャッシュ・フロー計算書におけるIAS 7を営業，投資，および財務という機能に分けている。IAS 7の営業収入および営業支出は，収益稼得活動に関連する収入および支出である。一方，IFRS Xの営業活動によるキャッシュ・フローは，営業収益と営業活動に関する収支だけでなく，営業資産および営業負債に関係する収支も含まれる。また，IFRS Xによる投資活動によるキャッシュ・フローは，シナジー効果のない投資収支およびそのリターンをいう。さらに，IFRS XとIAS 7の財務活動によるキャッシュ・フローも同じ内容を示すものではない。IFRS Xでは，利息収入および配当収入は投資カテゴリー，支払利息は借入カテゴリー，配当支出は株主持分カテゴリーで表示す。よって，IAS 7のように選択の余地はないのである。

表4−3　キャッシュ・フロー計算書のIAS 7とIFRS Xの比較

IAS 7	IFRS X
営業活動によるキャッシュ・フロー 投資活動によるキャッシュ・フロー 財務活動によるキャッシュ・フロー	事業セクション 　営業カテゴリー 　投資カテゴリー 財務セクション 複数カテゴリー取引セクション 法人所得税セクション 非継続事業セクション

(出典) 鎌田信夫［2017］：『キャッシュ・フロー会計の軌跡』森山書店129頁。

IFRS Xのキャッシュ・フロー計算書には，営業財務サブカテゴリーを設け
ない。したがって，IFRS Xの主要財務諸表は，カテゴリー・レベルでは連携性
がある。ただし，サブカテゴリー・レベルでは，連携性がない。キャッシュ・
フロー計算書に営業財務サブカテゴリーを設けないのは，営業と財務の区分が
明瞭でないからである（鎌田［2017］126-127頁）。

キャッシュ・フロー計算書の表示の雛形として，営業，投資，および財務の
各活動の分類を直接法（「表4-4」参照）と間接法（表4-5」参照）にて表している。

表4-4　キャッシュ・フロー計算書（直接法）

y_i 年 m_{12} 年 d_{31} 日に終了する年度	
I　営業活動によるキャッシュ・フロー	
営業収入	XXX
仕入支出	(XXX)
人件費支出	(XXX)
その他の営業支出	(XXX)
営業活動によるキャッシュ・フロー	XXX
II　投資活動によるキャッシュ・フロー	
機械・設備の購入による支出	(XXX)
投資有価証券の売却による収入	XXX
投資活動によるキャッシュ・フロー	(XXX)
III　財務活動によるキャッシュ・フロー	
社債発行による収入	XXX
配当支出	(XXX)
財務活動によるキャッシュ・フロー	XXX
IV　現金及び現金同等物の増加額	XXX
V　現金及び現金同等物期首残高	XXX
VI　現金及び現金同等物期末残高	XXX

表4−5 キャッシュ・フロー計算書（間接法）

y_i 年 m_{12} 年 d_{31} 日に終了する年度	
Ⅰ 営業活動によるキャッシュ・フロー	XXX
税引前当期純利益（または税引前当期純損失）	XXX
減価償却費	(XXX)
売掛金の増加額	(XXX)
棚卸資産の増加額	XXX
買掛金の増加額	XXX
未払営業費の増加額	XXX
未払給料の増加額	XXX
有価証券売却益	(XXX)
営業活動によるキャッシュ・フロー	XXX
Ⅱ 投資活動によるキャッシュ・フロー	
機械・設備の購入による支出	(XXX)
投資有価証券の売却による収入	XXX
投資活動によるキャッシュ・フロー	(XXX)
Ⅲ 財務活動によるキャッシュ・フロー	
社債発行による収入	XXX
配当支出	(XXX)
財務活動によるキャッシュ・フロー	XXX
Ⅳ 現金及び現金同等物の増加額	XXX
Ⅴ 現金及び現金同等物期首残高	XXX
Ⅵ 現金及び現金同等物期末残高	XXX

演習問題4.

　㈱葛飾 Taxi の下記資料に基づき，(1) 直接法，(2) 間接法による「キャッシュ・フロー計算書」を完成させなさい。なお，y_i 年度の会計期間を m_1 月 d_1 日から m_{12} 月 d_{31} 日までの1年間とする。また，商品取引は，3分法で処理するものとする。

【資料】

① y_i 年度財務業績計算書

㈱葛飾 Taxi　財務業績計算書　（単位：円）

y_i 年 m_1 月 d_1 日〜 y_i 年 m_{12} 月 d_{31} 日まで

売上高	12,630,238
売上原価	▲8,919,300
売上総利益	3710,938
販売費および一般管理費	▲3,197,233
のれん減損損失	▲12,000
有価証券損益	30,000
金融収益	2,500
金融費用	▲47,500
税引前利益	486,705
法人所得税	▲200,000
当期純利益	286,705

② y_i 年度期首と期末の財政状態計算書

㈱葛飾 Taxi　財政状態計算書　（単位：円）

資産　　　　　　　　　y_i 年 m_1 月 d_1 日〜 y_i 年 m_{12} 月 d_{31} 日

流動資産		
現金及び現金同等物	1,325,300	1,073,000
営業債権及びその他の債権	517,000	697,500
たな卸資産	55,000	65,000
その他の流動資産		30,000
流動資産合計	1,897,300	1,865,500
非流動資産		
その他の投資		182,000
有形固定資産	1,167,924	1,491,116
無形資産及びのれん	720,000	708,000
繰延税金資産	0	150,000
非流動資産合計	1,887,924	2,531,116
資産合計	3,785,224	4,396,616

負債及び持分
負債
流動負債

	借入金	1,600,000	1,500,000
	営業債務及びその他の債務	20,000	342,000
	未払法人所得税	315,000	350,000
	引当金	10,340	20,765
	繰延税金負債	0	13,000
	繰延収益	0	4,762
	その他流動負債		500
流動負債合計		1,945,340	2,231,027
負債合計		1,945,340	2,231,027

持分

	資本金	600,000	600,000
	資本準備金	40,000	40,000
	利益剰余金	1,199,884	1,486,589
	その他の包括利益	0	39,000
持分合計		1,839,884	2,165,589
負債及び持分合計		3,785,224	4,396,616

4-6. Check Point

　キャッシュ・フロー計算書にける IAS 7 は，財政状態計算書および財務業績
計算書に並び基本財務諸表の 1 つである。IAS 7 は 1997 年 1 月 1 日以後開始さ
れた事業年度から発効しており，上場企業のキャッシュ・フロー計算書の開示
が義務付けられている。

　キャッシュ・フロー計算書は，次の 3 つに区分されている。

＊営業活動によるキャッシュ・フロー：企業の本業による資金の増減額を取引
　　　　　　　　　　　　　　　　　　　ごとに表示する。

＊投資活動によるキャッシュ・フロー：設備投資・余剰資金運用による資金の
　　　　　　　　　　　　　　　　　増減額を取引ごとに表示する。

＊財務活動によるキャッシュ・フロー：資金調達・借入金返済による資金の増
　　　　　　　　　　　　　　　　　減額を取引ごとに表示する。

　本章を学んだ読者は，次のことができるようになる。

＊直接法による収入と支出の総額を主要取引ごとに集計し，表示できるように
　なる。

＊間接法による財務業績計算書の当期純利益から資金の流れを逆算し，表示で
　きるようになる。

引用文献

（ 1 ） IASB［1992］: *IAS 7, Cash Flow Statements*, International Accounting Standards Comittee.

（ 2 ） IASB［2010］: *Staff Draft of Exposure Draft IFRSX*, International Accounting Standards Bood.

（ 3 ） IFRS財団編，企業会計基準委員会・財務会計基準機構監訳［2018］:『IFRS基準』中央経済社。

（ 4 ） 鎌田信夫［2006］:『キャッシュ・フロー会計の原理 第2版』税務経理協会。

（ 5 ） 鎌田信夫［2017］:『キャッシュフロー会計の軌跡』森山書店。

第5章　キャッシュ・フロー計算書の利用

5-0. Focus

　キャッシュ・フロー計算書は，企業の一会計期間における現金および現金同等物[1]の流入および流出の状況を表示したものである。キャッシュの変動をみることにより，企業の現金を創出する能力，支払能力，利益の質などを把握することができる。

　International Financial Reporting Standards（以下，IFRSと略し，国際財務告基準と訳する。）によると，収益認識規準はIFRS 15に規定されている。その変遷は，次のとおりである。

＊2014年に，IFRS 15『顧客との契約から生じる収益』が公表された。これは，次のとおり1993年に定められたInternational Accounting Standards（以下，IASと略し，国際会計基準と訳す。）188以来の23年ぶりの改訂となる。

＊2016年に，IFRS 15の明確化が公表された。そして，その一部が改訂された。

＊改訂版IFRS 15は，2018年以降に開始される事業年度から適用される。なお，早期適用も可能である。

　IFRSによる「契約」とは，法的な強制力のある権利および義務を生じさせる複数の当事者間における取決めである。すなわち，企業がある財貨・用役を取引先に引渡し，その対価としての受取りを約束する。ここでの引渡し義務を「履行義務」と呼んでいる。

　IFRSでは，「履行義務（負債）」に着目する。契約の当事者（企業）の「履行義務」という負債（義務）が解消するタイミングで収益を認識する。

　また，企業が，ある財貨・用役を取引先から受取り，その対価としての引渡しを約束する。ここでの受取りの権利を「履行権利」と呼んでいる。

　IFRSでは，「履行権利（資産）」にも着目する。契約の当事者（企業）の「履行権利」という資産（権利）が解消するタイミングで，費用を認識する。

　上記の規準に従いながらも，企業は，収益・費用の計上方法を選択し，適用することができる。このことは，財務諸表の利用者サイドからすると，一会計期間での財務業績を比べるときに，企業サイドによる恣意的な会計操作がおこなわれるのでないか，との危惧が生じる可能性がある。これに対し，キャッシュ・フローの増減額に基づき一会計期間ごとに財務業績を計上することで，企業サイドによる会計上の操作の余地が少なくなる可能性がある。

　期間損益の額は，同一期間の収支の額とは一致しない。なぜならば，損益が認識される時期とキャッシュの変動が起きる時期との間には，時間的ズレが生じることがあるからである。ただし，期間損益の額と期間収支の額を一会計期間ではなく，複数会計期間で捉えると，両方の額が一致する可能性が高くなる。したがって，財務諸表の利用者からすると，期間損益ではなくキャッシュ・フローを利用することにより，会計上の操作の影響を除外した，企業分析が可能となる。

　本章の学習ポイントは，次のとおりである。

＊キャッシュが流入し，流出する状態を把握できるようにする。

＊資金繰りと資金管理の違いが解り，キャッシュ・フロー計算書から資金管理状態が掴めるようにする。

＊期間損益の額と期間収支の額が一致しないときに，両者の額が異なる理由が解るようにする。

5-1. キャッシュ・フロー計算書の利便性

　キャッシュ・フロー計算書は，財政状態計算書および財務業績計算書と同様に基本財務表[2]となる。すなわち，キャッシュ・フロー計算書は，企業の一会

計期間におけるキャッシュに関わる流入および流出の状況を表示するものである。また，キャッシュの表示は，営業活動・投資活動・財務活動に区分される。

　企業は，経営活動をする際に，使用可能な最大限のキャッシュを投資し，回収を図る。ところが，ある程度のキャッシュは，企業内に保有しなければならない。過去の支払状況[3]を勘案し，現時点で保有すべきキャッシュの額を算出し，企業内に留保しなければならない。

　企業が商品を売掛けで販売すると，売上時点では，キャッシュは増えない。仕入の場合も同様である。したがって，財務業績計算書に表示される収益および費用は，実現規準に従って，資産および負債が認識され，両者の額は信頼性をもって測定されるときに，収益および費用が計上される。そして，収益および費用が認識され，測定された結果，キャッシュの増減として計上される。したがって，収益および費用の計上結果が，キャッシュ・フロー計算書に表示されることになる。つまり，キャッシュの増減という結果に基づき，表示されることになる。

　財務業績計算書では，検収の時点において売上を計上する。なお，会計方針は，経営者の裁量によって選択されるものである。また，会計規準の選択により，算出される計上額は異なる。そのため，財政状態計算書および財務業績計算書は，会計規準の選択を介して，恣意性が存在する余地を残すことになる。一方，キャッシュ・フロー計算書は，キャッシュの流出入に関する計算書である。キャッシュ・フローの計上の際には，キャッシュという裏付けがある。また，キャッシュの流入・流出という事実をもって計上される。このことにより，会計規準の選択による恣意性の介入が難しくなる。したがって，企業外の利用者にとっては，企業間の比較ないしは同一企業の期間比較をするときに，恣意性が介在しにくいキャッシュ・フロー計算書を使うことで，ヨリ適正な比較が可能となる。

5-2. キャッシュ・フロー計算書の有用性

　財務業績計算書は，資産・負債アプローチに従い作成される。しかし，企業は，企業固有の経営実態を写出するために，ヨリ適切に収益・費用の認識・測定に関わる方法を選択できる。その選択権は経営者にある。ところが，一抹の不安もある。経営者に会計規準の選択を委ねることによって，会計上の操作をおこなうことの出来る余地を残すことになる。つまり，一種の恣意性が存在することになる。仮に，経営者による恣意性があったとするならば，同一企業の期間比較ないしは複数の企業間の比較をおこなうときに，利益の質に違いが出てくることもある。このことは，企業内で使われた会計処理方法をみないと，利益の質が解らないことにつながる。

　一方，キャッシュ・フロー計算書は，取引の結果，変動したキャッシュに着目する。キャッシュ・フローに基づき取引の実態を写出することで，企業外の利用者にとっては，会計上の操作による影響を避けたかたちで会計数値を読取ることができる。鎌田［2006］によると，「たとえば，キャッシュ・フローで測定すれば，棚卸資産の評価額は評価法の選択の相違による影響を受けないし，また，固定資産の評価額は，期末に固定資産についてキャッシュ・フローの変動は生じないから，減価償却法が同じでなくても，影響は生じない。」と述べている（鎌田［2006］6頁）。

　営業活動において，費用の計上時と現金の流出時のタイミングは一致しないこともあれば，収益の計上時と現金の流入時のタイミングも一致しないこともある。そのため，同一会計期間では，財務業績計算書の利益額とキャッシュ・フロー計算書のキャッシュの残額は一致しないこともある。しかし，どちらも企業の営業活動を示す計算書である。また，同一の経営事象においても，経営価値の変動原因で計上するか，それともキャッシュの流入・流出という結果で捉えるのかによっても，違いが出てくる。そのため，一会計期間のみでみると，経営価値の変動額である利益の額とキャッシュの残額が同額でなくても複数期間でみると，両者の差額が小さくなるもの，と解される。したがって，経営者

による恣意性をできるだけ排除した計上のしくみを，キャッシュ・フロー計算書において造り上げている。したがって，キャッシュ・フロー計算書は，企業外部の利用者が同一企業の期間比較，複数の企業間比較をおこなうときに有益な財務情報を提供することになる。

5-3.　企業の視点でのキャッシュ・フロー情報の利用

　企業の営業活動において，保有するキャッシュの把握は非常に重要となる。なぜならば，財務業績計算書上の利益がある状態であっても，支払いのためのキャッシュが不足する状態が起きうるからである。これは，収益が認識される時期とキャッシュが増加する時期は一致しないことから生じる。そのために，企業は，資金が焦付かないように資金繰りをおこなう。吉岡 [2018] によると，「資金繰りとは，資金の収支に基づき，資金不足に陥らないように資金を調達することである。」と述べている（吉岡 [2018] 166頁）。企業は，キャッシュの不足分を金融機関から借入れし，キャッシュに余裕がある際にこれを返済できる。手持ち資金および借入によって調達されたキャッシュが必要額を満たさない場合には，支払い遅延などの深刻な問題[4]をもたらすこともある。

　財務業績計算書上の利益が出ているにも拘わらず，キャッシュの不足により借入金の返済や支払いができないこともある。逆に，キャッシュ不足の懸念を払拭するために必要以上の金額を借入れた場合，過剰な借入金により支払利息の負担が増加する。企業が存続し続けるための資金繰りには，キャッシュ・フロー情報が重要となる。

　その一方で，キャッシュは，保有しているだけでは利益を生み出さない。企業はヨリ多くの利益を得るために，設備投資や固定資産を取得し，事業を拡張しようと試みる。営業活動によって増えたキャッシュを投資することにより，企業は事業を拡大できる。吉岡 [2018] によると，「企業は，資金を投入し，その投資額に見合う額を回収する。論理的には，投資額が大きければ大きいほど，それに見合う回収額が得られる。極論するならば，その間，Cash Stock（現金の

滞留額）はゼロとなる。」(吉岡［2018］164頁）と述べている。つまり，極端にいえば，すべてのキャッシュを投資に投入し続けている状態が最も効果的である。しかし，企業が存続し続けるには，継続的に運転資金を確保することが必要となる。企業は，運転資金がどれくらい必要かを勘案したうえで，キャッシュを投資として投入する。いうなれば，資金管理が必要とされる。つまり，キャッシュ・フロー情報は，資金管理において有用である。

5-4. 利害関係者の視点でのキャッシュ・フロー情報の利用

キャッシュ・フロー計算書は，とりわけ企業外の利害関係者にとって有用である。鎌田［2006］によると，外部の利用者は，キャッシュ・フロー計算書を次のとおり利用できる (鎌田［2006］1頁)。
(1) 営業活動から現金収入を創出する能力
(2) 支払期限が到来した場合の負債の返済能力
(3) 配当支払能力
(4) 利益の質の評価

キャッシュ・フロー計算書によって，企業の現金を創出する能力，支払能力，利益の質を把握することができる。また，キャッシュ・フロー計算書を分析することにより，その企業の戦略や財務活動を読取ることができる。

2020年の時点では，キャッシュ・フロー計算書は，直接法と間接法のいずれかの方法で作成できる。いずれの方法で作成するかは，作成する企業側の選択に委ねられている。ところが，企業外の利用者からすると，直接法によって作られることを期待する。すなわち，直接法では，キャッシュの流れを「営業・投資・財務」という活動別区分形式を採用することで，次のことが明らかになる。
(1) 活動別に入金と出金の項目を表示することで，キャッシュ・フローが生じる活動を特定できる。

(2) 会計システムによって計上される利益の額と現実に入出したキャッシュの額を比べることで，会計操作が介入する余地を排除できるようになる。

　キャッシュ・フロー計算書は，キャッシュという資金的な裏付けがある。そこで，会計上の操作による影響が他の財務諸表と比べても少ない。このことから，同一企業の期間比較ないしは複数の企業間の比較に適している。
　企業外の利用者は，財務諸表を読むことで，その企業の将来を予測する。しかし，投資活動は必ずしも成功するとは限らない。そして，投資の結果は，キャッシュの増減として捉えることもできる。

5-5.　日本への波及効果

　日本では，1953年に，「資金繰計算書」が有価証券報告書の一部として開示された。そして，1989年に，「資金収支表」が開示されることなる。さらに，2000年には，「キャッシュ・フロー計算書」が基本財務表として開示されることになった。
　ところが，2020年の現時点でも，キャッシュ・フロー計算書は，直接法と間接法のいずれの方法でも作成できる。選択は，企業サイドに委ねられている。間接法では，純利益を出発点としてキャッシュ・フローとの差額を調整している。確かに，既存の財務諸表から作成できる。しかし，それでは，新たな財務データを提供することができない。したがって，新たな財務表としての位置づけが得られない。
　資金繰計算書，資金収支表などをまとめて資金計算書とすると，そこには，次の3つの目的がある。
(1) 支払能力の表示
(2) 利益の質に関わる情報の表示
(3) 財政状態の変動情報
　資金計算書の第一次的目的は，「支払能力の表示」と解される。そうすると，

88

会計上の利益があったとしても，支払ができない状況を把握できる。一般にいわれる「黒字倒産」である。その意味では，キャッシュ・フロー計算書を間接法で作っても，純利益から始めてキャッシュの残高を明らかすることで，支払能力を表示できるようになる。ただし，活動別の財務業績に関わる情報を示すことができない。

2020年の時点では，上記の黒字倒産という状況を把握することよりも，キャッシュ・フロー計算書には，資金管理の技法を通して投資できる額を計るところに，目的がある。保有するだけでは，キャッシュはキャッシュを生むことがない。その活用によって，キャッシュを生むことができる。企業は，活用できる可能なキャッシュの額を計り，最大限の増幅を図るよう務める。その意味では，日本においてはキャッシュ・フロー計算書の導入により，資金繰りから資金管理への道が開けることになった。

演習問題 5.　企業におけるキャッシュ・フロー情報の利用を資金管理の観点から述べよ（400字程度）。

5-6. Check Point

以上，キャッシュ・フロー計算書の特徴と利用目的について述べてきた。キャッシュ・フローは，取引から生じる経営価値を結果という側面から捉えている。すなわち，キャッシュの流入時ないしは流出時に計上する。したがって，企業サイドからの恣意的な操作を防ぐ効果がある。そのことで，キャッシュ・フロー計算書の利用者からすると，信憑性のある財務表となる。

また，1950年代に提唱された資金繰りは，資金管理へと，キャッシュ・フロー計算書の利用目的が大きく変わっていった。確かに，中小企業では，会計上の黒字が出でいるにも拘わらず，倒産していく事例がある。IFRSの適用では，上場企業を前提としている。したがって，上場企業においては，支払いに必要なキャッシュを企業内にストックし，どれだけのキャッシュを投資できるのか，

どのような方法でキャッシュを得られるのか，ポートフォリオを組める。

　最後に，一会計期間という単位でみれば，期間収支の額と期間損益の額が一致しないこともある。ところが，複数の会計期間でみると，両者の差額は小さくなる。その意味では，財務業績計算書よりもキャッシュ・フロー計算書の方が信憑性の高い計算書となる。

　本章を学習した読者は，次のことかできるようになる。

＊キャッシュが流入し，流出する状態を把握できるようになる。

＊資金繰りと資金管理の違いが解り，キャッシュ・フロー計算書から資金管理状態が掴めるようになる。

＊期間損益の額と期間収支の額が一致しないときに，両者の額が異なる理由が解るようになる。

注釈

（1）　資金概念は，「正味運転式」，「総財務資源」，そして「現金及び現金同等物(cash and cash equivalents)」と変遷してきた。2020年の時点では，狭義の資金概念である「現金及び現金同等物」が採られている。なお，本章では，「現金及び現金同等物」をキャッシュと呼ぶことにする。

（2）　キャッシュ・フロー計算書が新たな基本財務表になるには，既存の財政状態計算書および財務業績計算書には表示されない，財務情報が求められる。間接法で作られるキャッシュ・フロー計算書は，純利益から出発してキャッシュ・フローを伴なわない損益を洗い出し，期末のキャッシュとの差額をゼロにするように表示する。これでは，新たな財務情報を表示したことにはならない。これに対し，直接法で作られたキャッシュ・フロー計算書は，企業の活動別にキャッシュの動きを表示する。したがって，新たな財務情報を提供することになる。その意味では，キャッシュ・フロー計算書が基本財務表としての地位を確立するならば，直接法で作ることになる。

（3）　企業内に保有すべきキャッシュの額は，業種，規模によって異なる。ただ，一般的には，3か月間，まったくキャッシュ・インフローが無くても，支払可能な額となる。

（4）　一般にいわれている「黒字倒産」である。1970年代頃から，中小企業では，資金繰りが悪く，支払手形が落ちないことがある。手形が不渡りになると，たちまち倒産という地響きが起きる。なお，IFRSは，原則として上場企業に対する情報開示を求めている。したがって，IFRSがキャッシュ・フロー計算書に求めているのは，資金繰りではなく資金

90

管理である。

引用文献

（１）鎌田信夫［2006］:『キャッシュ・フロー会計の原理［新版第2版］』税務経理協会。
（２）吉岡正道［2018］:「資金繰りから資金管理への移行 − Cash Stockの適正なる水準額-」『経理研究』第60号中央大学経理研究所。

第Ⅲ編
ストック（資産・負債・持分）計算

　第3章「概念フレーム・ワーク」で論じたように，International Financial Reporting Standards（以下，IFRSと略し，国際財務報告基準と訳す。）では，収益を「資産の増加または負債の減少に関連する，将来の経済的便益の増加が生じ，かつ，それを信頼性をもって測定できる場合に認識され」(Framework, para.4.47)と定義している。そして，費用を「資産の減少または負債の増加に関連する，将来の経済的便益の増加が生じ，かつ，それを信頼性をもって測定できる場合に認識される」(Framework, para. 4.49)と定義されている。したがって，資産・負債を鍵概念とし，純財産の増減を利益と考える，資産負債観を会計観として採用している。実際，IFRSでは，完全な1組の財務諸表として，その冒頭に財政状態計算書(statement of financial position)を挙げている(IAS 1, para.10)。このことからも，ストックの計算をヨリ重視していることが明らかである。

　財政状態計算書は，資産，負債，および持分から構成される。IFRSは，資産を「過去の事象の結果として，企業が支配し，かつ，将来の経済的便益が当該企業に流入すると期待される資源」と定義している。負債を「過去の事象から発生した企業の現在の債務で，その決済により，経済的便益を有する資源が当該企業から流出することが予想されるもの」と定義している。そして，持分を「企業のすべての負債を控除した後の資産に対する残余持分」と定義している(Framework, para.4.4)。

　IFRSは，資産・負債について流動資産と非流動資産(固定資産)，流動負債と非流動負債(固定負債)を区分表示することを要求している(Framework, para.4.60)。ただし，科目の配列については，流動性配列法，固定性配列法いずれでも選べる(IAS1, paras.57-65)。現在では，固定性配列法の採用が一般的である。

第6章　固定資産会計

6-0. Focus

International Financial Reporting Standards（以下，IFRSと略し，国際財務報告基準と訳す。）は，資産を流動資産と非流動資産とに分類する。日本における繰延資産については，その資産性を認めていない。そのため，実質的には，流動資産と固定資産に分類されることになる。したがって，IFRSにおける非流動資産とは，固定資産と同義である。本書では，非流動資産を固定資産として扱っていく。

固定資産について定めた，IFRSの包括的な基準はない。「表6-0」のとおり多くの基準で定められている。これは，IFRSがアングロ・サクソン的な慣習法の体系，いわゆるピースミール・アプローチで，基準設定がおこなわれている特徴を示している。すなわち，「資産の性質別の基準書と事象別の基準書が交錯するように関連しあっている」（橋本・山田［2015］138頁）のである。

学習ポイントは，次のとおりである。

＊固定資産を有形固定資産，無形固定資産，および投資不動産に分類できるようにする。

＊当期税金と繰延税金資産の違いが理解できるようにする。

＊長期金融資産，鉱物資源，リース資産の特殊性が理解できるようにする。

＊資産の減損，とりわけのれんの減損が理解できるようにする。

表 6−0　固定資産に係る IASB の基準一覧

IFRS3	企業結合
IFRS5	売却目的で保有する非流動資産及び非継続事業
IFRS6	鉱物資源の探査および評価
IFRS7	金融商品：開示
IFRS13	公正価値測定
IFRS16	リース
IAS 第 12 号	法人所得税
IAS 第 16 号	有形固定資産
IAS 第 20 号	政府補助金の会計処理および政府援助の開示
IAS 第 23 号	借入コスト
IAS 第 36 号	資産の減損
IAS 第 38 号	無形資産
IAS 第 40 号	投資不動産

6-1.　IFRS による固定資産

6-1-0.　有形固定資産

(1)　当初の認識・測定

　IFRS は，有形固定資産 (property, plant and equipment) について，「財貨または用役の生産または供給への使用，外部への賃貸，あるいは管理目的のために保有するものであり，かつ，一会計期間を超えて使用されると予想されるもの」 (IAS 16, para.6) と定義している。また，有形固定資産の種類としては，「土地および建物，機械装置，船舶，航空機，車両，器具および備品，事務機器」が例示されている (IAS 1, para.37)。

　有形固定資産は，以下の2つの要件を満たすときに資産として認識される (IAS 1, para.7)。

①当該資産に関連する将来の経済的便益が，企業にもたらされる可能性が高い

こと。

②当該資産の取得原価が，信頼性をもって測定できること。

　有形固定資産は，取得原価で測定される。すなわち，「有形形固定資産の取得原価は，購入対価，直接付随費用，資産除去債務，および借入コストの4つで構成される」（平松［2018］94頁）。

　購入により有形固定資産を取得した場合には，購入価格となる。有形固定資産を自家建設した場合に，その資産の製造原価が購入対価になる。この購入対価に，製造・据付のための人件費，整地費用，引取運賃などの，有形固定資産を稼働できるようにするために支払った直接付随費用を加味する必要がある。

　さらに，IFRSでは，「適格資産の取得，建設または生産に直接起因する借入コストを，当該資産の取得原価の一部として資産化しなければならない。」（IAS 23, para. 8）と定めている。建設工事などにより，企業が当初想定した使用をおこなうまでに相当の期間を要する資産については，その資産の取得，建設，製造に直接起因する借入コストを取得原価に参入することを求めている。

　当該有形固定資産の使用後に発生する解体・除去・修復に掛る当初見積原価である資産除去債務についても，IFRSは取得原価に含めることを要求している。この場合は，International Accounting Standard（以下，IASと略し，国際会計基準と訳す。）37『引当金，偶発負債および偶発資産』に準拠して，測定される。

【例題6-0.】 当社（3月末日決算）は，y_i 年 m_4 月 d_1 日に機械装置を取得し，使用を開始した。支払対価60,000円は小切手で支払った。なお，当機械装置の購入のため，同額を利率年5％で借入れた。また，当該資産の耐用年数は 4 年であり，使用後には当該機会装置を除去する法的義務がある。除去見積額は 10,100 円であり， 割引率は 6％ である。

【仕訳】　　　　　　　　　　　　　　　　　　　　　　（単位：円）

機械装置	71,000	当座預金	60,000
		資産除去債務	8,000
		支払利息	3,000

　有形固定資産を現物出資により取得した場合には，出資者に交付された株式の発行価額が取得原価となる。また，交換により有形固定資産を取得した場合には，原則として取得した有形固定資産の公正価値を取得原価とする。

(2)　当初認識後の測定

　有形固定資産の当初認識以後の測定については，原価モデルまたは再評価モデルのいずれかを選択適用する。原価モデルは，従来から多くの企業で採用されているモデルである。毎決算期に減価償却をおこない，当初測定した取得原価から減価償却累計額および減損損失累計額[(1)]を控除した額が帳簿価額となる。

　また，再評価モデルは，帳簿価額を定期的に公正価値に再評価するモデルである。すなわち，「公正価値が信頼性をもって測定できる有形固定資産項目については，再評価額（再評価日現在の公正価値から，その後の減価償却累計額およびその後の減損損失累計額を控除した額）で計上しなければならない。」(IAS 16, para.31) としている。再評価によって，資産の帳簿価額が増加した場合には，「再評価剰余金」の項目で「その他の包括利益」として認識する。減少した場合には，費用として認識する。なお，再評価モデルは実務上の負担が大きいため，実務上は，多くの企業が原価モデルを採用している。

(3)　減　価　償　却

　減価償却は，「資産の償却可能額を規則的にその耐用年数に亘って配分すること」(IAS 16, para.6) である。償却可能額とは，取得原価から残存価額を控除した額である。残存価額は，耐用年数の終了時点で予想される当該資産の処分により得られる見積金額である。IFRSは，「資産の残存価額と耐用年数は，各事業年度末に再検討して」(IAS 16, para.51)，予想が以前の見積もりと異なる場合に，IAS 8『会計方針，会計上の見積りの変更および誤謬』に基づいて変更しなければならないことを要求している。

　減価償却の方法としては，定額法，定率法，生産高比例法などがある。すな

わち，「定額法では，資産の残存価額が変化しない場合に耐用年数に亘り，一定額の費用が計上されることになる。」(IAS 16, para.62)。定額法による減価償却費は，次の計算式で求められる。

減価償却費 ＝（取得原価−残存価額）／ 耐用年数 … (6-0)

【例題 6-1.】　y_{i+1} 年 m_3 月 d_{31} 日，決算日につき，例題 6-0. の機械装置を定額法で減価償却した。なお，機械装置の残存価額はゼロとする。

【仕訳】　　　　　　　　　　　　　　　　　　　　　　　　（単位：円）

　　　減価償却費　　　17,750　　　　機械装置減価償却累計額　　　17,750

「低率法では，耐用年数に亘り，逓減的な費用が計上されることになる。」(IAS 16, para.62)。あらかじめ一定の償却率を決定しておき，毎期，未償却残高に一定率を乗じたものを減価償却費として計上する。したがって，次の計算式で求められる。

減価償却費 ＝（取得原価−減価償却累計額）× 一定率 … (6-1)

「生産高比例法では，予想される使用や生産高に応じて，費用が計上されることになる。」(IAS 16, para.62)。航空機や鉱物資源などのように，資産の利用に比例して，資産価値の減少が発生する場合に適用される。減価償却費は，次の計算式で求められる。

減価償却費 ＝（取得原価−残存価額）× 当期利用料／総利用可能量 … (6-2)

6-1-1.　無形固定資産 (intangible property)

(1)　定義と当初の認識・測定

　無形固定資産は，「物理的実体のない識別可能な非貨幣性資産」(IAS 38, para. 8) である。無形固定資産の例として，IFRS は，「コンピュータ・ソフトウエア，特許権，著作権，映画フィルム，顧客リスト，モーゲージ・サービス権，漁業免許，輸入割当，フランチャイズ，顧客または仕入先との関係，顧客の忠誠心，市

場占有率，および販売権」を挙げている（IAS 38, para. 9）。その上で，会計上での無形固定資産の定義に合致するためには，識別可能性，企業による支配，および将来の経済的便益の3つの要件を満たさなければならない。

① 識別可能性は，当該資産が他の資産から分離可能である分離可能条件，あるいは契約またはその他の法的権利から生じる契約・法的条件のいずれかを満たすことによって成立する。

② 企業による支配は，企業が対象資産の将来の経済的便益を独占的に獲得できる場合に成立する。

③ 将来の経済的便益は，収益の増加だけでなく，費用の削減も含まれるとしている。

また，無形固定資産の認識基準として，IFRSは，将来の経済的便益が企業に流入する可能性が高く，かつ，当該資産の取得原価を信頼性をもって測定可能な際に認識しなければならないとしている。

「無形固定資産は，取得原価で当初測定しなければならない。」（IAS 38, para. 24）。そして，IFRSでは，外部から取得する場合と企業内部で創出する場合に分けて測定基準を設定している。

無形固定資産を外部から取得する場合について，さらに，①個別取得，②企業結合の一部としての取得，③政府補助金による取得，④資産の交換による取得の4つの場合の測定基準が示されている。

① 個別取得の場合，「企業が支払う価格は，資産に具現化された，期待される将来の経済的便益が企業に流入する可能性に関する予想を反映している。」（IAS 38, para. 25）ため，有形固定資産の場合と同様，購入対価に直接付随費用，そして，借入コストがあれば，それらも加えた取得原価で測定する。

② IFRSにおいては，企業結合の一部として，無形固定資産が取得されることがある。この場合，取得企業は，取得日時点で被取得企業のすべての無形固定資産をのれんと区別して認識することが求められている。「IFRS 3に従って無形固定資産を企業結合で取得する場合には，当該無形固定資産の取得原価が取得日現在の公正価値である。」（IAS 38, para . 33）。

③ 政府補助金による取得の場合，IAS 20『政府補助金の会計処理および政府援助の開示』の規定に従って，(a) 取得時に無形固定資産および補助金の双方を公正価値により当初認識する方法，あるいは (b) 名目金額に資産をその目的に使用するための準備に直接必要とした支出を加算して当初認識する方法のいずれかを選択することができる (IAS 38, para. 44)。

④ 単一または複数の非貨幣性資産あるいは貨幣性資産と非貨幣性資産の組合わせとの交換により，無形固定資産を取得した場合，取得した無形固定資産の取得原価は，原則として公正価値で測定される (IAS 38, para. 45)。

これに対して，企業内部で創出するものとして，自己創設のれんと自己創設無形固定資産がある。自己創設のれんは，取得原価を信頼性をもって測定することができない。そのため，無形固定資産としての認識要件を満たさず，「資産として認識してはならない。」(IAS 38, para. 48) とされている。

自己創設無形固定資産は，資産としての認識基準を満たすかどうかという非常に困難な問題が存在する。そこで，IFRSは，企業の当該資産の創設過程を研究局面と開発局面に分類している。そして，研究局面から生じた支出は，6つの条件をすべて立証できる場合には，無形固定資産として認識しなければならない (IAS 38, para. 57)。

① 使用または売却できるように完成させる，技術上の実行可能性

② 使用または売却しようとする企業の意図

③ 使用または売却できる能力

④ 売却する場合の市場，あるいは使用する場合の有用性など，可能性の高い将来の経済的便益を創出する方法

⑤ 完成・使用・売却のために必要となる，適切な技術上，財務上およびその他の資源の利用可能性

⑥ 開発期間中の無形固定資産に起因する支出を信頼性をもって測定できる能力

(2)　当初認識後の測定

　有形固定資産の場合と同様，無形固定資産についても，当初認識以後の測定については，原価モデルまたは再評価モデルのいずれかを選択適用する。

　原価モデルは，当初測定した取得原価から減価償却累計額および減損損失累計額[2]を控除した額を，財政状態計算書に計上する。再評価モデルは，再評価日の無形固定資産の公正価値から，その後の償却累計額およびその後の減損損失累計額を控除した額で，財政状態計算書に計上する。

　認識された無形固定資産は，耐用年数を確定できる無形固定資産と確定できない無形固定資産に分ける必要がある。すなわち，「耐用年数を確定できる無形固定資産の償却可能価額は，当該資産の耐用年数に亘って規則的に配分しなければならない。」(IAS 38, para. 97)。また，耐用年数および償却方法は，少なくとも毎期末には再検討をおこなう必要がある。見積耐用年数が従来の耐用年数と大きく異なる場合には，償却期間を修正する必要がある。

　「耐用年数を確定できない無形固定資産は，償却してはならない。」(IAS 38, para. 107)。その場合は，IAS 36に基づき，少なくとも毎期末には，必ず減損テストを実施することが要求されている。

6-1-2. 投資不動産

(1)　定義と当初の認識・測定

　投資不動産 (investment property) は，自己使用の不動産や販売目的の不動産以外の賃貸収入や値上り益もしくはその両方を得る目的で保有される土地や建物である (IAS 40, para. 5)。

　投資不動産は，「投資不動産に帰属する将来の経済的便益が企業に流入する可能性が高く，かつ，その取得原価が信頼性をもって測定できる。」(IAS 38, para. 16) 場合にのみ，資産として認識することを要求している。そして，当初認識の際には，取得原価で測定すること，および取引コストは取得原価に含めることにしている。

(2)　当初認識後の測定

投資不動産の当初認識以後の測定については，公正価値モデルまたは原価モデルのいずれかを選択適用する。その場合，原則として，すべての投資不動産について，同一のモデルを適用する必要がある。

公正価値モデルは，すべての投資不動産について，毎決算期に公正価値によって評価替えをおこない，その公正価値の変動により生じた損益を当期の損益として認識するモデルである (IAS 40, para. 33)。この場合，投資不動産の公正価値とは，活発な不動産市場における現在価格になる。これに対して，原価モデルは，すべての投資不動産について，当初測定した取得原価から減価償却累計額および減損損失累計額を控除した額で測定するモデルである。したがって，有形固定資産の場合と基本的には同様の処理になる。なお，原価モデルを選択した場合でも，投資不動産の公正価値を毎期注記によって開示する必要がある (IAS 40, para. 56)。

6-1-3.　長期金融資産およびその他の非流動資産

(1)　当期税金と繰延税金資産

IAS 12『法人所得税』は，税効果会計に関する規定を定めている。また，法人税等に関わる資産についても論じている。当期までの法人所得税の納付額が確定税金額を超える場合，および繰戻し還付により過去の税金の取戻しが可能な額も，資産として認識される。

企業会計上の利益計算と税務上の課税所得計算は，その目的が異なるため，会計上の資産・負債と税務上の資産・負債との間に差異が生じる場合も存在する。この差異のうち，当期に生じた差異が将来の会計期間に解消すると予想される差異を一時差異という。一時差異の中で，資産または負債の帳簿価額が将来の期に回収または決済されたときに，その期の課税所得に減算される一時差異を，将来減算一時差異という。IAS 12は，将来減算一時差異に税率を乗じて算定した将来の税金の減少分を繰延税金資産として資産に計上することを求めている。ただし，IFRSは，「繰延税金資産は，将来減算一時差異を利用でき

102

る課税所得が生じる可能性が高い範囲内で認識しなければならない。」(IAS 12, para. 24) としており，回収可能性を随時検討する必要がある。

(2) 長期金融資産

IFRS 9『金融商品』において，金融商品の会計処理が定められている。金融商品は，一般に現金や売掛金，買掛金，借入金，貸付金，社債，株式などに加えて，先物取引，金利スワップ，通貨スワップなどの金融派生商品をも含めている。広範な概念であり，有価証券と債権を区分していないことも，IFRSの特徴である。

金融商品の中で，固定資産 (非流動資産) に該当するものは，長期金融資産である。長期保有目的の貸付金や有価証券が，これに該当する。

IFRSでは，金融資産について，次の3つの会計処理方法が提示されている。

① 償却原価区分の会計処理

IFRSでは，「実効金利法」を使って会計処理をおこなう (IFRS 9, para. 4.1.2)。

② 公正価値で測定し，その変動分を「その他の包括利益」に計上し，その区分としてFair Value Through Other Comprehensive Income (以下，FVTOCIと略し，その他の包括利益を通じて公正価値で測定する金融資産と訳す。) がある。金融資産を公正価値 (時価) で評価し，簿価との差額を「その他の包括利益」に含める処理をおこなう (IFRS 9, para. 4.1.4)。

③ 公正価値で測定し，その変動分を『純損益』に計上し，その区分としてFair Value Through Profit Loss (以下，FVTPLと略し，損益を通じて公正価値で測定される金融商品と訳す。) がある。金融資産を公正価値 (＝時価) で評価し，簿価との差額を「純損益」に含める処理をおこなう (IFRS 9, para. 4.1.2 A)。

長期金融資産，長期貸付金の場合は，償却原価法の区分にあたり，「実効金利法」を使って会計処理をおこなう。有価証券の場合，売却目的のものはFVOCIを，売却目的でないものはFVTOCIあるいはFVTPLの選択になる。ただし，実務上は，FVOCIを採用し，公正価値 (時価) で評価する。なお，簿価との差額を，「その他の包括利益」に含める処理をおこなうのが一般的である。

(3)　鉱物資源の探査と評価資産

鉱物資源の探査と評価資産 (exploration for and evaluation of mineral resources) とは，企業の会計方針に従って資産として認識される探査評価に関する支出である。なお，「探査権の取得から鉱物資源採掘の技術的可能性・経済的可能性が立証可能になった時点までの支出」(IFRS 6 para. 5) は含まれない。

IFRSは，鉱物資源の探査と評価資産として，「(a) 探査権の獲得，(b) 地勢的，地理的，地球科学的，および地球物理的研究，(c) 探査向け掘削，(d) トレンチ作業，(e) 標本採集，(f) 鉱物資源の採掘の技術的可能性および経済的実行可能性の評価に関する活動」(IFRS 6, para. 9) を挙げている。

これらの支出のうち，発生した時点で費用化されず，翌期以降に繰延べられた額は，「探査と評価資産」として取得原価で測定される (IFRS 6, para. 8)。そして，有形固定資産と無形固定資産に区分して表示されることが要求される (IFRS 6, para. 15)。また，探査・評価の結果，発生した撤去・復旧に関わる債務も，取得原価に含める (IFRS 6, para. 11)。ただし，探査権の取得以前に要した支出や鉱物資源の開発に伴う支出，採掘の技術的可能性・経済的可能性が立証可能になった時点以降の支出は，「探査と評価資産」には含まれない (IFRS 6, para. BC 28)。

「探査と評価資産」の当初認識以後の測定については，原価モデルまたは再評価モデルのいずれかを選択適用する。再評価モデルを適用する場合には，有形固定資産についてはIAS 16，無形固定資産については第36号の規定に基づいて処理される。

なお，減損については，「事実と状況から探査・評価資産の帳簿価額がその回収可能金額を超過する場合」(IFRS 6, para. 18) には，減損を検討しなければならないとしている。

6-2. IFRSによる特徴的な固定資産

6-2-0. リース資産

(1) IFRS 16の考え方

IFRS16『リース (leases)』は，2016年1月に公表され，2019年1月以降に開始する事業年度から適用される。この新リース会計基準は，リース期間に亘ってリース対象資産を使用することのできる権利を表す使用権に着目している。この使用権を資産とする新しい考え方である。これまでのリース会計基準，すなわち，リース取引をファイナンス・リースとオペレーティング・リースとに分類していた。前者は資産として財政状態計算書に計上し，後者は財政状態計算書に計上しなかった。ところが，毎年支払うリース料のみを費用計上する基準とは全く異なり，すべてのリース取引を財政状態計算書に計上する。単一な会計処理である新しいモデルである。

この新リース会計基準は，International Accounting Standards Board（以下，IASBと略し，国際会計基準審議会と訳す。）が，2006年に立上げた共同プロジェクトの成果である[3]。ファイナンス・リースとオペレーティング・リースとで，会計処理方法が極端に異なることを是正しようと務めたものである。

(2) 借手の会計処理

リース資産の借手は，「リース取引開始日において，借手は，使用権資産およびリース負債を認識しなければならない。」(IFRS 16, para.22)。使用権資産は，リース資産を使用する権利を表す。そして，リース負債は，リース料の支払い義務を表す。

「リース取引開始日において，借手は，使用権資産を取得原価で測定しなければならない。」(IFRS 16, para.23)。使用権資産の取得原価は，リース負債の当初測定額，リース開始日以前に支払ったリース料からリース・インセンティブを控除した額，借手に発生した初期直接コスト，および原状回復費用の見積額

の合計である。

【例題6-2.】当社（3月末日決算）は，y_i 年 m_4 月 d_1 日に車両運搬具をリース契約し，使用を開始した。リース契約の期間は3年，毎年のリース料は1,000円で，毎年3月31日に支払うことになっている。リースの利子率，追加借入利子率は共に5％，残存価額はゼロとする。なお，契約リース・インセンティブおよび借手に発生した初期直接コスト，ならびに原状回復費用の見積額はゼロとする。

【仕訳】　　　　　　　　　　　　　　　　　　　　　　　（単位：円）

　　　　リース資産　　2,723　　　　リース債務　　2,723

表6−1　例題6−2.に関する支払リース料の内訳　（単位：円）

	リース債務	支払リース料	内訳		リース債務期末簿
			利息発生分	元本返済分	
y_i 年度	2,723	1,000	136	864	1,859
y_{i+1} 年度	1,859	1,000	93	907	952
y_{i+2} 年度	952	1,000	48	952	0
合計	−	3,000	277	2,723	−

リース債務[(4)]は，開始日現在で支払われていないリース料の現在価値で測定される。現在価値は，リースの計算利子率を用いる。ただし，容易に算定できない場合には，借手の追加利子率を用いる。

使用権資産の当初認識後は，原則，使用権資産を原価モデルで測定する。したがって，「取得原価から減価償却累計額および減損損失累計額を差引き，リース負債が再測定された場合には，これに伴う調整額を加減する。」(IFRS 16, para.30)。この場合，減価償却に用いる耐用年数は，リースの解約不能期間に行使することが合理的に確実な延長オプション期間と行使しないことが合理的に確実な延長オプション期間とを合わせた期間になる。

一方，リース負債の当初認識後の測定は，リース負債に掛る金利を反映するように帳簿価額を増額し，支払われたリース料を反映するように帳簿価額を減額することが原則となる（IFRS 16, para.36）。

(3)　貸手の会計処理

リース取引の貸手の会計処理は，基本的にこれまでの会計処理，すなわち，IAS 17の会計処理から変更はない。IAS 17によると，「貸手は，リースのそれぞれをファイナンス・リースおよびオペレーティング・リースのいずれかに分類しなければならない。」（IFRS 16, para.61）。そのうえで，ファイナンス・リースについては，正味リース投資未回収額に等しい金額で債権を認識し，リース期間に亘ってリース債権に掛る金融収益を認識する。また，オペレーティング・リースについては，リース料を収益として認識し，リース取引に掛る原資産の減価償却をおこなう。

6-2-1. 資産の減損

(1)　減損会計の考え方

本章に関わる固定資産については，有形固定資産やのれんを含む無形固定資産などである。一般に，固定資産の帳簿価額は，取得原価から減価償却累計額等を控除した未償却残高である。なお，当該資産の収益性の低下により，投資額の回収が，見込めなくなる状態に陥ることがある。このような場合に，一定の条件の下で，回収性を反映させるために帳簿価格を減額する処理を減損処理という。

(2) 減損処理の手続

減損処理については，①減損による兆候の有無の確認，②減損の認識，③減損の測定の3つのステップでおこなう。

減損による兆候の有無の確認は，資産が減損しているかどうかを判断することである。すべての対象資産について，毎期回収可能性を調査し，減損損失の

計上を検討することは，実務上，企業の大きな負担になる。そこで，対象資産
に減損が生じている兆候があるときに限り，回収可能性を調査し，減損の処理
を進めることになる。

　減損の兆候について，すべてを網羅して列挙することは非常に困難である。
IAS 36『資産の減損』は，外部要因として，市場価格の著しい低下，企業環境の
悪化，長期の市場利子率や投資収益率などの上昇による使用価値の低下，発行
済株式の時価総額が純資産の帳簿価額を割込んでの低下を挙げている。また，
内部要因として，資産の陳腐化または物的損害，事業の撤退やリストラまたは
早期の資産処分の計画がある場合，資産からのキャッシュ・フローや損益の予
算値や実績の悪化を挙げている (IAS 36, paras. 12-14)。

　以上のとおり，減損の兆候が存在するときに，減損損失の認識をおこなうか
否かを判断することになる。この場合，資産の帳簿価額が，回収可能価額を超
えるときに減損損失を認識することになる。「回収可能価額とは，資産または現
金生成単位の売却費用控除後の公正価値と使用価値のいずれか高い金額をい
う。」(IAS 36, para. 6)。その場合の測定は，帳簿価額を回収可能価額まで切下げ
ることになる。認識された減損額は，減損損失として当期の費用に計上される
ことになる。

　売却費用控除後の公正価値は，処分費用を控除した後の拘束力のある売買契
約に基づいた価格が基本になる。この拘束力のある売買契約が入手不可能な場
合には，順に当該資産の処分価格または現在の入札価格，直近の取引価格，利
用可能な最善の情報に基づいた金額が公正価値になる。

　使用価値は，資産の回収可能価額として，当該資産から生じる将来キャッ
シュ・フローを見積もり，適切な割引率に使用して現在価値に割引くことで計
算される。

　過年度中に減損処理をおこなった資産について，価値の回復が見られ，計上
した減損損失が存在しないか，または，減少していることもある。そのときに
は，当該資産の帳簿価額を回収可能価額まで引上げる処理，すなわち減損の戻
入れをおこなわなければならない。なお，減損の戻入れは，過年度に認識され

た減損損失を認識しなかった場合の減価償却後の帳簿価額を超えることはできない。また，後述ののれんについては，減損の戻入れは認められていない。

6-2-2. のれんの減損

(1) のれんの定義とその当初認識・測定

のれん（goodwill）とは，「企業結合で取得した，個別に識別されず独立して認識されない，他の資産から生じる将来の経済的便益を表す資産」(IFRS 3, App.A)である。IFRSは，のれんの認識および測定について，以下のように規定している。

「企業結合時に，取得企業は，次の (a) が (b) を超過する額として測定した，取得日時点ののれんを認識しなければならない。

(a) 次の総計
（ⅰ） 本基準に従って測定し，移転された価格。これは，通常，取得日の公正価値が要求される。
（ⅱ） 本基準に従って測定した，被取得企業のすべての被支配持分の金額。
（ⅲ） 段階的に達成される企業結合の場合には，取得企業が従来保有していた被取得企業の資本持分の取得日における公正価値。
(b) 本基準に従って測定し，取得した識別可能な資産および引受けた負債の取得日における正味の金額」(IFRS 3, para. 32)。

IFRSは，のれんを超過差額として認識・測定する。すなわち，取得企業による支出額（あるいは非取得企業の株主に対して交付した取得企業の株式の時価総額）と非支配持分の合計と，被取得企業の資本の公正価値との差額として認識・測定する。そして，認識されたのれんは，キャッシュ・インフローを独立して生み出す資産グループの最小単位である現金生成単位に配分されることになる。

【例題 6-3.】　当社（3 月末日決算：取得企業）は，y_i 年 m_4 月 d_1 日にA社（被取得企業）を吸収合併した。取得時点での A 社の合併直前の資産の時価評価額は 700,000 円，負債の時価評価額は 480,000 円である。資産の時価評価額 700,000 円の中には，特許権および顧客リスト160,000 円が含まれる。なお，吸収合併に際し，当社は，A 社の株主に対し1,000株の当社株式を交付した。当社株式の企業結合時における時価は 300 円であった。また，当社の増加資本はすべて資本金として計上するものとする。このとき，パーチェス法による当社の合併仕訳を示しなさい。

【仕訳】　　　　　　　　　　　　　　　　　　　　　　　（単位：円）

諸資産	540,000	諸負債	480,000
無形固定資産	160,000	資本金	300,000
のれん	80,000		

(2)　当初認識後の測定

　認識されたのれんは，IFRSによると償却することが禁止されている。これは，のれんの耐用年数および減損するパターンを一般に予測することはできないからである。それにも拘わらず，任意の期間で規則的に償却することは，恣意的な見積もりである，とIFRSが解しているからである。「恣意的な期間でのれんの定額償却をおこなっても，有用な情報は提供できない。」(IFRS 3, BC131E) と，IFRSは結論付けている。

【例題 6-4.】　当社（3 月末日決算）が y_i 年 m_4 月 d_1 日にA社取得の際に認識したのれん80,000円は，P事業部とQ事業部に分配される。結合時の振分価格は，それぞれ，54,000円と26,000円である。y_{i+1} 年 m_3 月 d_{31} 日現在の回収可能額は，それぞれ47,000円と21,000円のとき，減損処理をおこなう。

【仕訳】　　　　　　　　　　　　　　　　　　　　　　　（単位：円）

減損損失	12,000	のれん	12,000

　その上で，IFRSは，企業結合で取得したのれんについて，減損の兆候の有無に拘わらず，毎決算期に必ず減損テストを実施することを求めている。減損が

生じているとき，すなわち，のれんが配分された現金生成単位の回収可能額が帳簿価額を下回るときに，減損損失を認識するという会計処理を要求している。

6-3. 日本への波及効果

　IFRSの会計基準については，すでに1990年代より，企業会計審議会，ついで企業会計基準委員会（以下，Accounting Standards Board of Japanと訳し，ASBJと略す。）が，JP-GAAPに取込む手続き，いわゆる，コンバージェンスを進めてきた。その結果，IFRSとJP-GAAPは，かなりの部分で一致するようになっている。それでも，両者の規定が異なる部分も存在している。物理的にコンバージェンスが間に合っていない論点，現在検討中である論点，そして，コンバージェンスに消極的な論点と，様々な論点が存在する。それとともに，固定資産全般にかかわる相違点，および個別のカテゴリーの資産についての相違点もある。

　固定資産全般に関わる相違点としては，当初認識後の測定の問題が挙げられる。上述のように，IFRSでは，当初認識後の測定について，原価モデルまたは再評価モデルのいずれかを選択適用すると規定されている。これに対して，JP-GAAPでは，原価モデルのみが適用されている。再評価モデルは，基本的に認められていない。これは，両者の会計観の相違に基因しているように解される。

　概念フレームワークの部分でも論じたとおり，IFRSは，アングロ・サクソン的会計思考である。資産負債観を採用している。したがって，論理的には，再評価モデルの採用が相応しいのであろう。これまでの実務的慣習や測定の不確実性から，原価モデルの適用も併せて認めている，と解される。

　これに対して，JP-GAAPでは，基本的には収益費用観に重きを置いている，と解される。したがって，原価モデルのみが適用されている。再評価モデルは，認められていないのであろう。

　個別のカテゴリーの資産についての相違点については，まだまだ多岐にわ

たっている。有形固定資産については，減価償却方法の見直しについて，IFRSが定期的な見直しを求めている。これに対して，JP-GAAPでは特に規定されていない。

　無形資産については，IFRSが認識規準，償却，無形固定資産の要件について詳細に定めている。これに対して，JP-GAAPでは特に規定はない。そもそも，JP-GAAPでは，有形固定資産・無形固定資産ともに包括的な会計基準を定めてはいない。また，IFRSでは，自己創設無形資産について厳格な基準を設けて，一定の要件を満たす開発費は資産計上を認めている。これに対して，JP-GAAPでは，研究開発費の発生時全額費用処理を規定しているのみである。

　投資不動産については，IFRSが，原価モデルを採用した場合に，決算日における公正価値を注記で開示することを求めている。これに対して，JP-GAAPでは，賃貸等不動産に該当する場合は，原則として，時価などを開示することが求められている。

　長期金融資産およびその他の非流動資産については，まず当期税金と繰延税金資産について，JP-GAAPが繰延税金の発生源選別の主な内訳の開示を要求している。これに対して，IFRSでは，税金費用の内訳や繰延税金資産の金額とその認識を妥当とする根拠など，JP-GAAPよりも広範な開示を要求している。ついで，長期金融資産については，JP-GAAPが資産形態と保有目的に基づいて分類し，測定方法を定めている。これに対して，IFRSでは，金融商品全般を測定属性に基づいて分類しているところに相違がある。さらに，有価証券の減損について，IFRSは，予想信用損失の引当金の計上として規定し，減損の戻入れを認めている。これに対して，JP-GAAPは，時価が著しく下落した場合にのみ適用し，減損の戻入れを認めていない。

　リース取引については，JP-GAAPは，基本的にIFRS 16発効前の基準であるIAS 17に準じている。すなわち，リース取引をファイナンス・リースとオペレーティング・リースとに分類する。前者は資産として貸借対照表に計上し，後者は貸借対照表に計上しない。毎年支払うリース料のみを費用計上する基準である。これは，IAS 17とコンバージェンスした結果である。したがって，新

基準であるIFRS16とコンバージェンスするかどうかは，今後の検討に委ねられている。

　減損による兆候の有無の確認および減損損失の測定の部分は，IFRSとJP-GAAPはほぼ一致している。ただし，減損損失の認識の部分が相違する。すなわち，IFRSは，測定基準における考え方と同様，資産の帳簿価額が回収可能価額を超えるときに減損損失を認識する。これに対して，JP-GAAPでは，資産の帳簿価額が割引前将来キャッシュ・フローを超えるときに減損損失を認識する。このJP-GAAPの減損損失の認識規準については，多分にUnited States Generally Accepted Accounting Principles（以下，US-GAAPと略し，米国基準と略す。）の影響を受けている，といえよう。

　最後に，のれんの会計処理についてである。この部分は，IFRSとJP-GAAPとで最も差異がある。この問題は，両者の考え方の相違点として，しばしば指摘される問題である。すなわち，当初認識後ののれんの会計処理について，JP-GAAPは，20年以内の均等償却を要求している。これに対して，IFRSは，償却を禁止している。毎決算期に必ず減損テストを実施する。減損が生じているとき，すなわち，回収可能額が帳簿価額を下回るときに，減損損失を認識するという会計処理を要求している。Japan's Modified International Standards（以下，JMISと略し，修正版国際基準と訳す。）でも，IFRSの修正としてこののれんの償却処理をJMIS 1として公表しており，JP-GAAPではのれんの償却を堅持している。この問題もまた，資産負債観と収益費用観という両者の会計観の相違に基因する問題である，といえる。

演習問題6. 以下の取引を仕訳しなさい。
　(1) 当社（3月末日決算）は，y_{i-1}年m_4月d_1日に構築物を取得し，使用を開始した。支払対価1,000,000円は小切手で支払った。なお，当該資産の耐用年数は3年である。また，使用後には，当該構築物を除去する法的義務がある。除去見積額は200,000円であり，割引率は6%である。
　(2) y_i年m_3月d_{31}日に決算日を迎え，(1)で取得した構築物を定額法で減価償却をおこなった。なお，当該資産の残存価額はゼロとする。
　(3) 当社（3月末日決算：取得企業）は，y_i年m_4月d_1日にB社（被取得企業）を

吸収合併した。取得時点でのA社の合併直前の資産の時価評価額は25,000,000円，負債の時価評価額は18,500,000円である。B社の資産の時価評価額6,500,000円の中には，特許権2,300,000円が含まれる。なお，吸収合併に際し，当社はB社の株主に対し10,000株の当社株式を交付した。当社株式の企業結合時における時価は950円であった。また，当社の増加資本は，すべて資本金として計上するものとする。このとき，パーチェス法による当社の合併仕訳を示しなさい。

（4）y_i 年 m_3 月 d_{31} 日に決算日を迎え，（3）で取得したのれんについて減損テストをおこなったところ，現在の回収可能額は2,700,000円であった。

6-4.　Check Point

　以上，IFRSによる固定資産について論じてきた。概念フレームワークの部分でも論じたとおり，IFRSは，アングロ・サクソン的会計思考である。したがって，資産負債観を採用することになる。論理的には，再評価モデルの採用が相応しいのであろう。これまでの実務的慣習や測定の不確実性を考慮すると，原価モデルの適用も併せて認めている，と解される。

　有形固定資産については，減価償却方法の見直しについて，IFRSが定期的な見直しを求めている。無形資産については，IFRSが認識基準，償却，無形固定資産の要件について詳細に定めている。また，IFRSでは，自己創設無形資産について厳格な基準を設けて，一定の要件を満たす開発費は資産計上を認めている。

　投資不動産については，原価モデルを採用したときに，IFRSでは，決算日における公正価値を注記で開示することを求めている。長期金融資産およびその他の非流動資産については，税金費用の内訳や繰延税金資産の金額とその認識を妥当とする根拠など広範な開示を求めている。なお，有価証券の減損については，IFRSは，予想信用損失の引当金の計上として規定し，減損の戻入れを認めている。

　リース取引については，IAS 17を改訂したIFRS 16が定められている。リース取引をファイナンス・リースとオペレーティング・リースとに分けずに，同じ会計処理を求めている。

減損による兆候の有無の確認および減損損失の測定の部分に関しては，IFRSでは，資産の帳簿価額が回収可能価額を超えるときに減損損失を認識する。なお，IFRSは，のれんの償却を禁止している。毎決算期に必ず減損テストを実施する。減損が生じているとき，すなわち，回収可能額が帳簿価額を下回るときに，減損損失を認識するという会計処理を求めている。

本書を学習した読者は，次のことができるようになる。

＊有形固定資産の取得原価について理解できるようになる。

＊有形固定資産の減価償却について理解できるようになる。

＊無形固定資産の取得および測定について理解できるようになる。

＊投資不動産の取得および測定について理解できるようになる。

＊当期税金と繰延税金資産の会計処理について理解できるようになる。

＊長期金融資産の会計処理について理解できるようになる。

＊鉱物資源の探査と評価資産の会計処理について理解できるようになる。

＊リース資産について，IFRSの新しい考え方およびの借手および貸手の会計処理について理解できるようになる。

＊資産の減損について，考え方と処理手続について理解できるようになる。

＊のれんの意味とその会計処理について理解できるようになる。

＊IFRSにおける固定資産の会計処理について，JP-GAAPとの差異，およびJP-GAAPへのIFRSの波及効果について理解できるようになる。

注釈

（1） 減損については「6-2-1　資産の減損」で解説する。

（2） 同上。

（3） 共同プロジェクトにおける議論の過程で、FASBはリース取引の会計処理について、IFRSとは異なる結論に至ったことは、周知のとおりである。

（4） リース債務 ＝ $10{,}000 \times 1 / (1+0.04) + 10{,}000 \times 1 / (1+0.04)^2 + 1 / (1+0.04)^3$
$= 952 + 907 + 864 = 2{,}723$

引用文献

（1） 橋本尚・山田善隆著[2015]：『IFRS会計学テキスト 第4版』中央経済社。

（ 2 ）　平松一夫監［2018］：『IFRS国際会計基準の基礎 第5版』中央経済社。

（ 3 ）　IASB［2017］：*IFRS 3, Business Combinations.*

（ 4 ）　IASB［2004］：*IFRS 6, Exploration for and Evaluation of Mineral Resources.*

（ 5 ）　IASB［2014］：*IFRS 9, Financial Instruments.*

（ 6 ）　IASB［2016］：*IFRS 16, Leases.*

（ 7 ）　IASB［2014］：*IAS 1, Presentation of Financial Statements.*

（ 8 ）　IASB［2016］：*IAS 12, Income Taxes.*

（ 9 ）　IASB［2014］：*IAS 16, Property, Plant and Equipment.*

（10）　IASB［2017］：*IAS 23, Borrowing Costs.*

（11）　IASB［2008］：*IAS 36, Impairment of Assets.*

（12）　IASB［2001］：*IAS 37, Provisions, Contingent Liabilities and Contingent Assets.*

（13）　IASB［2014］：*IAS 38, Intangible Assets.*

（14）　IASB［2016］：*IAS 40, Investment Property.*

第7章　流動資産会計

7-0. Focus

　International Accounting Standards Board（以下，IASBと略し，国際会計基準審議会と訳す。）は，2018年3月29日に改訂し，Conceptual Framework for Financial Reporting（以下，Frameworkと略し，『概念フレーム・ワーク』[2018]と訳す。）を公表した。改訂前の『概念フレーム・ワーク』（以下，『概念フレーム・ワーク』[2010]と称す。）では，外部の利用者のための財務諸表の作成および表示の基礎をなす諸概念を表していた。これに対し，『概念フレーム・ワーク』[2018]においては，新たな概念を導入して，資産および負債を定義した。そして，認識要件を改めることによって，資産および負債の概念の明確化を図った。さらに，『概念フレーム・ワーク』[2018]の第4章では，財務諸表の5つの構成要素である資産，負債，持分（純資産），収益，および費用について定義している。本章で取上げる資産では，権利に焦点をあてた定義へと変更されている（「表7-0」参照）。

表7-0　IASB 概念フレーム・ワークにおける資産の定義

『概念フレーム・ワーク』[2010] の定義	『概念フレーム・ワーク』[2018] の定義
資産とは，過去の事象の結果として，企業が支配し，かつ将来の経済的便益が当該企業に流入する，と期待される資源をいう。資産に具現化された将来の経済的便益とは，企業への現金および現金同等物の流入に直接的にまたは間接的に貢献する潜在能力である。	資産とは，過去の事象の結果として，企業が支配する現在の経済的資源をいう。経済的資源は，経済的便益を生出す潜在能力を有する権利である。

『概念フレーム・ワーク』[2018]では，資産は，現在の経済的資源である。潜在的な経済的便益が企業に流入することを予想する必要がないことが明確にされた。すなわち，「資産の定義は，結果として生じる経済的便益ではなく，経済的資源に言及すべきである。」として，「将来の経済的便益については，企業が支配していない。」と結論を下している。経済的便益の流入の確実性を求めており，可能性が高いことを求めていない。これにともなって，認識の要件から，蓋然性の要件が削除された。

経済的資源を生出す潜在能力を有する権利には，以下のものが挙げられる。

(1) 他企業の義務に対応する権利，例えば，現金を受取る権利，財貨・用役を受取る権利，経済的資源を他企業と有利な条件で交換する権利などが挙げられる。

(2) 他企業の義務に対応しない権利，例えば，有形固定資産または棚卸資産などの物理的実体に対する権利，知的財産を使用する権利なとが挙げられる。

『概念フレーム・ワーク』[2010]では，構成要素の定義を満たして，かつ，認識規準を満たす項目を認識して財政状態計算書に計上した。その認識規準には，蓋然性規準と信頼性規準があった（「表7-1」参照）。

表7−1　財務諸表の構成要素の定義を満たす対象物の認識規準

蓋然性規準	信頼性規準
当該対象物に関連した将来の経済的便益が企業に流入するか，または企業から流出する可能性が高い。	当該対象物が，信頼性をもって測定できる原価または価値を有している。

以上のとおり，『概念フレーム・ワーク』[2010]では，実務的および主観的観点から蓋然性規準と信頼性規準を設定していた。これに対し，『概念フレーム・ワーク』[2018]では，資産の認識は蓋然性規準および信頼性規準に適合させるのではなく，質的特性を直接参照して有用な情報が提供される場合にのみ認識するとしている（「表7-2」参照）。すなわち，定義を満たしただけでは，財政状態

計算書の資産として認識されないことが明示されている。

表7－2　有用な財務情報の質的特性（基本的な質的特性）

目的適合性	忠実な表現
目的適合性のある財務情報は，利用者がおこなう意思決定に相違を生じさせることがある。 財務情報は，予測価値，確認価値またはそれらの両方を有する場合には意思決定に相違を生じさせることがある。	財務情報は，目的適合性のある現象を表現するだけでなく，表現しようとしている現象を忠実に表現しなければならない。 忠実な表現として完璧にするためには，描写として3つの特性を有する。それらは「完全」で，「中立的」で，「誤謬がない」ということである。

　本章の学習ポイントは，次のとおりである。

＊ International Financial Reporting Standards（以下，IFRSと略し，国際財務報告基準と訳す。）における流動・固定の区分に従って財政状態計算書を作成することができるにする。

＊ 本章の学習をすることにより，財政状態計算書上の流動資産を理解できるようにする。

7-1. IFRS における流動資産・固定資産

　IFRSは，財政状態計算書において，原則として，資産を流動資産と固定資産に区分して表示する。そして，表示すべき項目は示されている。ただし，重要性がない場合には，表示を求められていない。その重要性を判断するための数値基準となるものは，特に設けられていない。利用者が理解するうえで必要であると認められたとき，見出しや小計などを追加的に表示する。また，資産項目の配列方法は，特に規定されていない。財政状態計算書において表示する資産は，下記のとおりである。

(1) 有形固定資産

(2) 投資不動産

(3) 無形資産

(4) 金融資産（(5)，(8) および (9) を除く）

(5) 持分法で会計処理されている投資

(6) 生物資産

(7) 棚卸資産

(8) 売掛金およびその他の債権

(9) 現金および現金同等物

(10) 売却目的のために保有される資産

7-2. 流動・固定の区分

　財政状態計算書には，企業の財政状態を適正に表示することが求められている。従来，流動・固定を区別するための基準として，正常営業循環基準と1年基準の2つがある。正常営業循環基準は，企業本来の営業過程である現金→棚卸資産→売上債権→現金というサイクルの中にある資産を流動資産とする基準である。他方，1年基準は，財政状態計算書作成日の翌日から起算して1年以内に回収される資産を流動資産とする基準である。IFRSにおける流動・非流動の区分では，従来の流動・固定の区分を採用している。流動資産の区分は，下記のとおりである。

(1) 正常な営業循環過程において，実現予定または販売・消費を意図している場合

(2) 主として売買目的で当該資産を保有している場合

(3) 報告期間後，12か月以内に当該資産を実現させる予定である場合

(4) 資産が現金または現金同等物である場合

7-3. 財政状態計算書での配列方法

　IFRSでは，流動・固定の区分に従って財政状態計算書を作成する。従来，財

政状態計算書上での配列方法として，流動性配列法と固定性配列法の2つがある。流動性配列法は，資産勘定であれば流動性の高い（固定性の低い）資産から流動性の低い（固定性の高い）資産へと順番に配列する方法である。それに対し，固定性配列法はその逆の方法である。

IFRSでは，固定性配列法が例示されている（「表7-3」参照）。また，流動性配列法も認められている（「表7-4」参照）。

表7-3　財政状態計算書（固定性配列法）

○○株式会社の連結財政状態計算書

（単位：百万円）

	y_i 年 m_3 月 d_{31} 日	y_{i+1} 年 m_3 月 d_{31} 日
（資産の部）		
非流動資産		
有形固定資産		
使用権資産		
投資不動産		
無形資産		
繰延税金資産		
その他の流動資産		
持分法で会計処理されている投資		
金融資産		
デリバティブ金融商品	————	————
非流動資産合計	————	————
流動資産		
棚卸資産		
その他の流動資産		
契約資産		
売上債権		
金融資産		
デリバティブ金融商品		
現金及び現金同等物		
小計	————	————
売買目的保有に分類される資産	————	————
流動資産合計	————	————
資産合計	————	————

○○株式会社の連結財政状態計算書

(単位：百万円)

	y_i 年 m_3 月 d_{31} 日	y_{i+1} 年 m_3 月 d_{31} 日
（負債及び資本の部）		
負債		
非流動資産		
社債及び借入金		
リース負債		
繰延税金資産		
長期従業員給付		
引当金	＿＿＿＿＿＿	＿＿＿＿＿＿
非流動資産合計	＿＿＿＿＿＿	＿＿＿＿＿＿
流動資産		
営業債務及びその他の債務		
契約債務		
未払法人所得税		
社債及び借入金		
リース負債		
デリバティブ金融商品		
短期従業員給付		
引当金		
小計		
売買目的保有に分類される資産		
グループに含まれる負債	＿＿＿＿＿＿	＿＿＿＿＿＿
流動資産合計	＿＿＿＿＿＿	＿＿＿＿＿＿
資産合計	＿＿＿＿＿＿	＿＿＿＿＿＿
資本		
親会社の所有物に帰属する持分		
資本金		
資本剰余金		
利益剰余金		
自己株式		
その他の資本の構成要素	＿＿＿＿＿＿	＿＿＿＿＿＿
親会社の所有物に帰属する持分合計		
非支配持分	＿＿＿＿＿＿	＿＿＿＿＿＿
資本合計	＿＿＿＿＿＿	＿＿＿＿＿＿
負債及び資本合計	＿＿＿＿＿＿	＿＿＿＿＿＿

表7－4　財政状態計算書（流動性配列法）

ソフトバンクグループ（株）の連結財政状態計算書（2019年3月期決算短信より）

（単位：百万円）

	2018年3月31日	2019年3月31日
（資産の部）		
流動資産		
現金及び現金同等物	3,334,650	3,858,518
営業債務及びその他の債務	2,314,353	2,339,977
その他の金融資産	519,444	203,476
棚卸資産	362,041	365,260
その他の流動資産	344,374	766,556
小計	6,874,862	7,533,787
売買目的保有に分類された資産	–	224,201
流動資産合計	6,874,862	7,757,988
非流動資産		
有形固定資産	3,856,847	4,070,704
のれん	4,302,553	4,321,467
無形資産	6,784,550	6,892,195
契約獲得コスト	–	384,076
持分法で会計処理されている投資	2,328,617	2,641,045
FVTPLで会計処理されている		
ソフトバンク・ビジョン・ファンドおよび	2,827,784	7,115,629
デルタ・ファンドからの投資		
投資有価証券	2,660,115	924,614
その他の金融資産	676,392	1,185,856
繰延税金資産	647,514	586,943
その他の非流動資産	221,232	215,959
非流動資産合計	24,305,604	28,338,488
資産合計	31,180,466	36,096,476

ソフトバンクグループ（株）の連結財政状態計算書（2019年3月期決算短信より）

（単位：百万円）

（負債及び資本の部）	2018年3月31日	2019年3月31日
流動資産		
有利子負債		
銀行業の預金	3,217,405	3,480,960
ソフトバンク・ビジョン・ファンドおよび	684,091	745,943

デルタ・ファンドにおける外部投資家持分	40,713	29,677
営業債務及びその他の債務		
デリバティブ金融負債	1,816,010	1,909,608
その他の金融負債	96,241	767,714
未払法人所得税	1,646	10,849
引当金	147,979	534,906
その他の流動負債	65,709	43,685
流動資産合計	658,961	1,158,355
	6,728,755	8,681,697
非流動資産		
有利子負債		
ソフトバンク・ビジョン・ファンドおよび	13,824,783	12,204,146
デルタ・ファンドにおける外部投資家持分	1,803,966	4,107,288
デリバティブ金融負債		
その他の金融負債	865,402	130,545
確定給付負債	62,372	57,115
引当金	100,486	99,351
繰延税金負債	132,139	157,478
その他の非流動資産	1,085,626	1,391,072
非流動資産合計	303,915	258,580
負債合計	18,178,689	18,405,575
	24,907,444	27,087,272
資本		
親会社の所有物に帰属する持分		
資本金		
資本剰余金	238,772	238,772
その他の資本性金融商品	256,768	1,467,762
利益剰余金	496,876	496,876
自己株式	3,940,259	5,571,285
その他の包括利益累計額	△66,458	△443,482
親会社の所有物に帰属する持分合計	317,959	290,268
非支配持分	5,184,176	7,621,481
資本合計	1,088,846	1,387,723
負債及び資本合計	6,273,022	9,009,204
	31,180,466	36,096,476

7-4. 流動資産の定義

7-4-0. 棚 卸 資 産

International Accounting Standard（以下，IASと略し，国際会計基準と訳す。）2
は，棚卸資産の会計処理を定めている。

(1) 棚卸資産の定義
棚卸資産とは，次のとおり定められている（IAS 2, para.6）。
(1) 通常の事業の過程において，販売を目的として保有されるもの
(2) 販売を目的とし，生産過程にあるもの
(3) 生産過程または役務の適用にあたって，消費される原材料または貯蔵品

(2) 棚卸資産の評価
棚卸資産は，原価と正味実現可能価額とのいずれか低い金額により測定され
なければならない（IAS 2, para.9）。

正味実現可能価額とは，「通常の事業の過程における予想売価から，完成まで
に要する見積原価および販売に要する見積費用を控除した額」のことである。
企業が通常の事業過程における棚卸資産の売却により実現されることが，予測
される正味の金額をいう（IAS 2, paras.6-7）。

なお，棚卸資産の全部または一部が陳腐化したときに，ないしはその販売価
格が下落したときに，棚卸資産の原価が回収できなくなることがある。また，
完成までに必要な見積原価または販売に要する見積費用が増えたときにも，棚
卸資産の原価が回収できなくなることがある。そのときは，棚卸資産を原価か
ら正味実現可能価額までの評価を減ずる（IAS 2, para.28）。

(3) 棚卸資産の原価
棚卸資産の原価には，次の原価すべてが含められる（IAS 2, para.10）。

① 購入原価

② 加工費

③ 棚卸資産がその場所および状態に至るまでに発生したその他の原価

棚卸資産の購入原価には，次の費用が含まれる (IAS 2, para.11)。

① 購入代価

② 輸入関税およびその他の税金 (税務当局から，後に回収可能なものを除く)

③ 製品，原材料，および役務の取得に直接起因する運送費，荷役費。なお，
その他の費用加工費には，次の費用が含まれまる (IAS 2, para.12)。

1) 直接労務費のような，生産単位に直接関係する費用

2) 原材料を完成品に加工する際に生じる固定および変動の製造間接費の規
則的な配賦額

　その他の原価は，棚卸資産がその場所および状態に至るまでに発生したもの
に限り，棚卸資産の原価に含める。

7-4-1. 契　約　資　産

IFRS 15 — Revenue from Contracts with Customers (『顧客との契約から生じ
る収益』と訳す。) のところで契約資産を定めている。すなわち，契約とは，法的強
制力に裏付けされているために当事者での自由裁量で回避することがほとん
できず，明確な経済的効果をもっている。そして，当事者間での合意が得られ
ている。契約は，必ずしも文書で記載されている必要はない。したがって，契
約資産とは，自企業が財貨・用役を他企業に移転する義務を履行する見返りと
して，自企業が他企業から対価を受領することである。なお，契約資産は，履
行義務ごとに基づくのではなく，契約ごとに基づき表示される。

　自企業が対価を受取る前に，財貨・用役を他企業に引渡ししたときには，自
企業は，次の仕訳をする。

　(借) 契約資産　×××　　　(貸) 売上収益　×××

126

自企業が他企業から対価を受取ったときには，次の仕訳をする。

(借) 営業債権 　　　　　　(貸) 契約資産　×××

7-4-2. 金 融 資 産

金融資産として，次のものが挙げられる。

(1) 現金

(2) 他企業の資本性金融商品

　ここでの資本性金融資産とは，企業のすべての負債を控除した後に，残余持分として残る資産のことである。

(3) 次のいずれかの契約上の権利

　① 他企業から現金または他の金融資産を受取る。

　② 金融資産または金融負債を自企業にとって，潜在的に有利な条件で他企業と交換する。

(4) 企業自身の資本性金融商品，すなわち，企業それ自体の評価と連動する金額で決済されるか，または決済される可能性のある契約のうち，次のいずれかであるもの

　① デリバティブ以外で，企業が企業自体の評価と連動する資本性金融商品を受取る義務があるか，またはその可能性があるもの

　② デリバティブで，固定額の現金または他の金融資産と企業が契約した固定数の資本性金融商品との交換以外の方法で決済されるか，またはその可能性があるもの。なお，企業自身の資本性金融商品を将来において受取る契約，もしくは引渡す契約で定められた金融商品は含まない。

　金融資産は，原則として，次のいずれかの区分に分けられ測定される (「図7-5」参照)。

(1) 償却原価で測定する。

(2) その他の包括利益を通じて (Through Other Comprehensive Income, 以下, FVOCIと略す。) 公正価値で測定する。金融資産に関わる利息，為替差損益，および減損損失については，これらの公正価値の変動額をその他の包括利益に表示

する。

　(3) 当期純利益を通じて，公正価値 (Fair value through profit or loss, FVTPL と略
す。) で測定する。

図 7 - 5　金融資産の分類

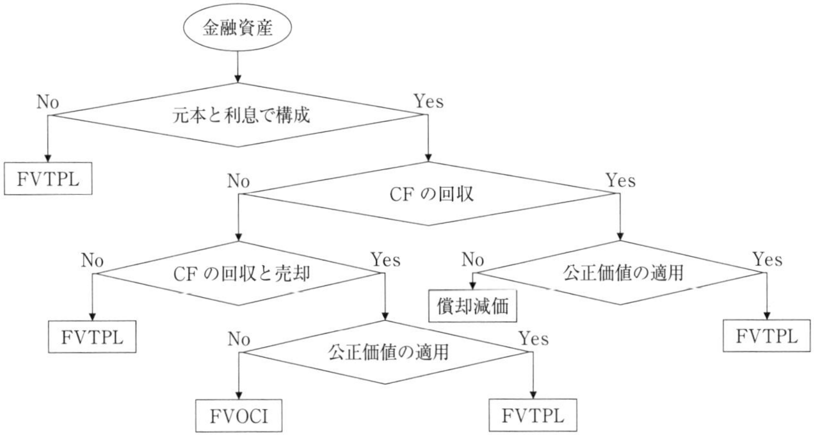

　また，金融資産は，原則として，次のとおり分類される。

(1) キャッシュ・フロー要件

　キャッシュ・フロー要件は，「元本」と「利息」のみから構成されることであ
る。元本は，金融資産の当初認識時の公正価値である。利息は，貨幣の時間価
値および特定の期間における元本残高に関する信用リスクの対価である。な
お，契約書には，元本と利息が明示されていなければならない。

(2) 事業モデル要件

　事業モデルは，通常，契約ごとに基づくのではなく，ポートフォリオごとに
基づくなどのレベルで決められる。すなわち，事業モデルの決定は，事実関係
の認定に関わることである。したがって，金融資産の業績評価，リスク管理の
方法，管理者の報酬体系などを含む，すべての利用可能な情報に基づき判断さ
れる。

7-4-3. 金 融 商 品

IFRSは，金融商品として次のものを挙げている（IAS 32.AG3-4）。

（1）通貨

（2）銀行や郵貯などの預貯金

（3）売掛金

（4）受取手形

（5）貸付金

（6）保有債券

　一方の当事者（自企業）は，契約上，現金を受取る権利がある。これに対し，他方の当事者（他企業）は，その対応する現金を支払う義務（または現金を受取る権利）がある。

7-5. 日本への波及効果

　『概念フレーム・ワーク』[2010]では，実務的および主観的観点から，蓋然性規準と信頼性規準を設定していた。ところが，『概念フレーム・ワーク』[2018]では，資産の認識から蓋然性規準および信頼性規準が削除された。IFRSが求めているのは，権利がすでに存在していることである。すなわち，契約をもとに，取引が定められることになる。

　企業会計基準委員会（以下，Accounting Standards Board of Japanと訳し，ASBJと略す。）は，2018年3月30日に企業会計基準第29号「収益認識に関する会計基準」を公表している。収益の認識のもとになるのが契約概念である。流動資産も，同様に取引契約の概念に基づき定められることになる，と解される。

　流動資産計上モデルは，次の5つのステップから構成される。

（1）ステップ1：顧客との契約の識別

　契約は，書面，口頭，または商慣行により黙示的な場合もあるが，強制可能で

あるとともに，経済的実質を伴っていなければならない。流動資産計上モデルでは，自企業が他企業に財貨・用役を引渡すことで，他企業からその対価を受取る権利が生じる。そのときに，他企業との契約が成立する。なお，自企業からすると，他企業が契約履行日から起算して12か月以内に支払う能力があるのか，およびその意思を有しているか，見極める必要がある。

(2) ステップ2：履行義務の識別

　契約を特定した後，契約条件および商慣行に照らして，自企業は，契約した財貨・用役を独立した履行義務として，会計処理すべきものを識別しなければならない。その識別要因として，次の要因がある。

　自企業が他企業に移転した財貨・用役の対価として果たされるべき権利を単独で識別できるときに，当該財貨・用役は区別できる，といえる。したがって，区別できる財貨・用役は，独立した履行権利となる。

(3) ステップ3：取引価格の算定

　取引価格とは，企業が義務を果たすと見込まれるときの対価の金額である。これには，次のことが含まれる。

① 見込まれる対価の見積もりには，期待値と最頻値のうち，企業が義務を果たすべき対価の金額よりも正確に予測する金額を用いる。

② 契約に重要な金融的要素が含まれているときには，貨幣の時間的価値による影響を考慮する。なお，取引価格は，見込まれる対価によって制限されるときがある。すなわち，収益が大幅に減額される可能性が高いときに，その減額を取引価格に含めないことができる。

(4) ステップ4：取引価格の配分

　企業は，取引価格を独立した履行権利に基づき配分しなければならない。独立履行権利価格を決めるにあたり，企業は，入手可能なときに客観的な履行権利価格に関する情報を使わなければならない。反対に，独立履行権利価格に関する客観的な情報を入手できないときには，入手可能なデータに基づき，合理的に独立履行権利価格を見積らねばならない。

(5) ステップ 5：流動資産の計上

　自企業は，他企業と契約した財貨・用役の支配権を他企業から移転される。このことにより，履行権利を得る。履行権利は，一時点で充足されるときもあれば，一定期間に亘り果たされないときもある。履行権利は，次の要件をいずれも満たさないときに一時点で充足される。反対に，次の要件のうちいずれか1つでも満たすときには，履行権利は一定期間に亘り充足される。

① 他自企業の履行に応じて，自企業は，その履行により財貨・用役を受取る。

② 他企業の履行により，自企業に移転される財貨・用役が創出されるか，または増価する。そして，創設されるか，または増加される財貨・用役の支配権は，自企業に移る。

③ 他企業の履行により，自企業にとっては，他に転用できる資産が創出される。そして，自企業は，それまでに完了する履行に対して，支払いという義務を果たさなければならない。

演習問題 7.

　(株) 葛飾 Taxi 会社は、y_i 年 m_{12} 月 d_4 日に㈱駒込の社員に対して、1か月分タクシー料金 600,000 円をクレジット・カードで売上げた。料金は、ポイント・カードを使い月末締め翌月末払いとなる。還元率は 1 % である。なお、ポイントが行使される割合は 80% と見積もられる。この取引について、㈱駒込の社員側の仕訳をしなさい。

7-6. Check Point

　以上，本章ではIFRSによる流動資産を取上げて，その定義と認識について論じてきた。IFRSは，『概念フレーム・ワーク』[2018] において，新たな概念を導入し，資産の定義した。そして，認識要件を改めることで，資産の概念の明確化を図った。

　IFRSは流動・固定に表示している。その目的は，現在および潜在的な投資者などが意思決定をおこなう際に有用な財務情報として用いることである。

　本章を学習した読者は，次のことかできるようになる。

＊ IFRSにおける流動・固定の区分に従って，正確な財政状態計算書を作成することができるようになる。

＊ IFRSにおける流動資産の定義について，説明することができるようになる。

＊ 本章の学習をすることによって，財政状態計算書上の流動資産を読み解くことができるようになる。

引用文献

（1） IASC［2003］：*IAS 2, Inventories*, International Accounting Standards Committee.

（2） IASC［2003］：*IAS 32, Financial Instruments*, International Accounting Standards Committee.

（3） IASB［2010］：*Conceptual Framework for Financial Accounting 2010*, International Accounting Standards Board.

（4） IASB［2013］：*IFRS 13, Fair Value Measurement*, International Accounting Standards Board.

（5） IASB［2018］：*Conceptual Framework for Financial Reporting 2018*, International Accounting Standards Board.

（6） IASB［2018］：*IFRS 15, Revenue from Contracts with Customers*, International Accounting Standards Board.

第8章 負債会計

8-0. Focus

　商取引は，時の経過と共に商慣習として形成されていく。そして，商慣習が規則となり，法律に定められることにもなる。International Financial Reporting Standards（以下，IFRSと略し，国際財務報告基準と訳す。）は，現在の義務に着目し，将来において履行すべき債務を負債として定めている。反対に，法律で定められずに，商慣習として留まっている義務は，負債としての計上から外している。その意味では，負債は，法的な契約に基づき，将来において現れるリスクとなる。

　2020年の時点では，売上時にポイントが付与され，換金化される。この換金額は，売上高から控除される。すなわち，純額での売上高となる。また，引当金にも，債務性が求められる。貸倒引当金，修繕引当金などには，債務性がないので，引当金として計上できなくなった。

　退職給付にも，公正価値が導入される。将来の退職給付額を見積り，その額を現在価値に割引く。その割引額は，その時点での負債として計上する。

　本章の学習のポイントは，次のとおりである。

＊負債は，企業リスクであることを理解できるようにする。

＊負債は，法的義務に基づいて計上することを理解できるようにする。

＊公正価値の導入により，割引現在価値が採られることを理解できるようにする。

8-1. 負債の意義

8-1-0. 負債の定義

　負債は，Conceptual Framework for Financial Reporting 2018（以下，Frameworkと略し，『概念フレーム・ワーク』[2018] と訳する。）によると「表8-0 資産・負債の構成要素」のとおりに定義される。すなわち，次の3つの条件をすべて満たさなければならない（Framework, para.4.27）。

(1)　企業が義務（obligation）を負っていること。

(2)　義務は，経済的資源を移転（transfer an economic resource）しなければならないこと。

(3)　義務は，過去の事象の結果として存在する現在時点で負っていること。

表8-0　資産・負債の構成要素

構成要素	キー・ワード	定義
資産	経済的資源 （economic resource）	過去の事象の結果として，企業によって支配されている現在の経済的資源である。経済的資源と経済的便益を生出す潜在能力を有する権利である。
負債	請求権（claim）	過去の事象の結果とし，企業が経済的資源を移転する現在の義務である。
持分		企業のすべての負債を控除したのちの資産に対する残余持分である。

出典：島崎杉雄 [2021]：『IFRSを紐解く』森山書店

　上記で示した負債の定義を（株）葛飾Taxi会社の具体的な取引例を挙げながら説明すると，次のとおりになる。

(1)「企業義務」に関しては，（株）葛飾Taxi会社が石岡Auto Gasoline Stand からLPガスを購入し，購入代金は月末締めの翌月払いとした。このことで，LPガスの購入代金としての買掛金が生じることになる。この買掛金が（株）葛飾

Taxi会社が負う義務である。

(2)「経済的資源の移転」に関しては，石岡 Auto Gasoline Stand が経済的資源であるLPガスを（株）葛飾 Taxi 会社に引渡す，義務が生じる。

(3)「過去の事象の結果としての現在の義務」に関しては，前月に（株）葛飾Taxi会社が石岡 Auto Gasoline Stand からLPガスを購入したという過去の事象から，当月に（株）葛飾 Taxi 会社が前月に購入したLPガスの代金として，現金を石岡 Auto Gasoline Standに引渡す，現在の義務が生じる。

8-1-1. 負債の認識

IASB［2018］における負債の認識規準は，次のとおりである。すなわち，企業義務から生じる収益，費用の変動が，財務諸表の利用者にとって有用な情報を提供するときに限り，負債として認識される。負債の認識を（株）葛飾 Taxi会社の具体的な取引例を挙げながら説明すると，次のとおりになる。すなわち，（株）葛飾 Taxi 会社は，（株）駒込の社員に対してタクシー料金をクレジット・カードで売上げた。料金は，ポイント・カードを使い，月末締め翌月払いとした。なお，ポイントが行使される割合を80％と見込んだ。この見込み分を「契約負債」として認識する。この見込み分の80％の内の90％が（株）駒込の社員によって行使されると費用となる。そして，行使期間を過ぎても行使されなかった10％は収益となる。

また，負債認識の中止は，次のように定義される。すなわち，負債認識の中止とは，企業の財政状態計算書において認識された負債の全部または一部を削除することである (Framework, para.5.26)。この認識の中止は，その項目がもはや負債の定義を満たさなくなったときに生じる。負債認識の中止は，通常，当該企業が認識された負債の全部または一部について現在の義務をもはや負わなくなったときに現れる。例えば，（株）葛飾 Taxi 会社のポイント・カードを使ったタクシー料金について，ポイントの行使期間内に（株）駒込の社員が行使すると，「契約負債」は消滅し，負債認識中止となる。また，行使期間が過ぎても，（株）駒込の社員がポイントを使わなければ，これも負債認識の中止となる。

8-1-2. 測　　定

　負債の測定基礎は，歴史的原価 (historical cost) と現在価値 (current value) に大別される。まず，歴史的原価による測定は，負債およびそれから現れる費用ないしは収益に関する貨幣的情報である。すなわち，歴史的原価は，取引または事象を基礎として貨幣額に記録し，価値変動を反映させないものである。

　つぎに，現在価額について，次のように定義する。すなわち，現在価値による測定値は，負債およびそれから現れる費用ないしは収益に関する貨幣情報を測定日時点での状況を反映するように，更新した後の現在価値を用いて提供される。この更新により，負債の現在価値には，前回の測定日以降の当該現在価値に含まれているキャッシュ・フローの見積りおよび他の要因の変動が反映されることになる (Framework, para.6.10)。したがって，負債の現在価値は，次の測定基礎を含む (Framework, para.6.11)。

(1) 公正価値 (fair value)

(2) 負債についての履行価値 (fulfilment value)

　まず，(1) 公正価値とは，測定日時点での市場参加者間の秩序ある取引において，負債を消滅させるために支払うことになる価額である (Framework, para.6.12)。公正価値は，当該企業がアクセスした市場参加者からの観点を反映し，割引現在価値による測定がおこなわれる。例えば，(株) 葛飾 Taxi 会社の社員が退職する予想時期の退職給付見込額のうち，期末までに現れたと認められる額を計算する。そして，退職給付の支払見込日までの期間 (支払見込期間) を反映した割引率を用いて割引き計算し，当該割引いた金額を合計して，退職給付債務を計算する。

表 8–1　測定基準の分類

測定基礎	測定規準	定義
歴史的原価	歴史的原価	契約の締結時に支払うべき取引価格である。
現在価額	公正価値	将来支払うべき現金を，現時点の価値に計算し直した金額のことである。
	履行価値	時の経過とともに契約負債を履行するときに，企業が負担する費用の期待現在価値を示す。

出典：島崎杉雄［2021］：『IFRSを紐解く』森山書店

　つぎに，(2) 履行価値とは，負債の履行時に移転しなければならないと見積もられるキャッシュまたはその他の経済的資源の現在価値である (Framework, para.6.17)。例えば，(株) 葛飾 Taxi 会社のドライバーは，(株) 池袋損害保険の自動車保険に加入している。(株) 池袋損害保険は，(株) 葛飾 Taxi 会社のドライバーのこれまでの事故発生率を参考に，現在，負担すべき期待現在価値を計算する。

8-2. 契約時の負債

　IFRS15では，収益を次のとおり定めている。すなわち，収益とは，自企業が契約した財貨・用役を契約した他企業に移転することで得られる対価と定めている。また，財貨・用役を交換したことで，自企業が得られる対価とも定めている。IFRS15では，収益を取引契約に基づき定められている。同様に，負債についても，取引契約に基づき定めることができる，と解される。

　負債認識モデルは，次の5つのステップから構成される。

(1) ステップ1：顧客との契約の識別

　契約は，書面，口頭，または商慣行により黙示的な場合もあるが，強制可能であるとともに，経済的実質を伴っていなければならない。負債認識モデルでは，自企業が他企業から財貨・用役の対価を得るために，他企業に財貨・用役を引

渡す義務が現れるときに，他企業との契約が成立する。なお，他企業からすると，自企業が期日到来時での支払能力があるのか，かつ，その意思を有しているかを見極める必要がある。

(2) ステップ2：履行義務の識別

契約を特定化した後，契約条件および商慣行に照らして，自企業は，契約した財貨・用役を独立した履行義務として会計処理すべき内容を識別しなければならない。その識別要因として，次の要因がある。

自企業が他企業に移転した財貨・用役の対価として，果たすべき義務を当事者と関わりなく単独で識別できるときに，当該財貨・用役は区別できる，といえる。したがって，区別できる財貨・用役は，独立した履行義務となる。

(3) ステップ3：取引価格の算定

取引価格とは，企業が財貨・用役の移転による義務を果たすために見込まれる対価の金額である。これには，次のことが含まれる。

① 見込まれる対価の見積もりには，期待値と最頻値がある。いずれかの値のうち，企業が義務を果たすべき対価の金額よりも正確に予測できる金額を用いる。

② 契約に重要な金融的要素が含まれているときには，貨幣の時間的価値による影響を考慮する。なお，取引価格は，見込まれる対価によって制限されるときがある。すなわち，費用が大幅に増額されない可能性が高いときに，取引価格に含めることができる。

(4) ステップ4：取引価格の配分

企業は，取引価格を独立した，すなわち，第三者の取引先と見做し，その履行義務に基づき配分しなければならない。独立履行義務価格を決めるにあたり，企業は入手可能なときには，客観的な履行義務価格に関する情報を使わなければならない。反対に，独立履行義務価格に関する客観的な情報を入手できないときには，見込まれた対価を入手可能なデータに基づき，合理的に独立履行義務価格を見積らねばならない。

(5) ステップ5：負債の認識

　自企業は，他企業と契約した財貨・用役の支配権を他企業に移転することにより履行義務を果たす。履行義務は，一時点で充足されるときもあれば，一定期間に亘り果たされるときもある。履行義務は，次の要件をいずれも満たさないときに一時点で充足される。反対に，次の要件のうちいずれか1つでも満たすときに，履行義務は一定期間に亘り充足される。

① 自企業の履行に応じて，他企業は，その履行による便益を受取る。

② 自企業の履行により，他企業に移転される財貨・用役が創出されるか，または増価する。そして，創設されるか，または増加される財貨・用役の支配権は，他企業に移る。

③ 自企業の履行により，他企業にとっては，他に転用できる資産が創出される。そして，他企業は，それまでに完了する履行に対して，支払いという義務を果たさなければならない。

8-3. 負 債 の 分 類

8-3-0. 負債の表示科目

　International Accounting Standard（以下，IASと略し，国際会計基準と訳する。）1では，負債の表示科目として次のとおり掲げられている（IAS 1, para.54）。

(1) 買掛金およびその他の未払金

(2) 引当金

(3) 金融負債（上の (1) および (2) に示す金額を除く）

(4) IAS 12「法人所得税」に基づく当期税金に係る負債および資産

(5) IAS 12に基づく繰延税金負債および繰延税金資産

(6) IFRS 5に従って売却目的保有に分類される処分グループに含まれる負債

　なお，負債を区分して表示するときには，流動と非流動 (固定) に区分する

(IAS 1, para.60)。区分する方法として，流動性配列法と固定性配列法がある。前者の配列法では，流動性の高い順，すなわち，換金性の高い順に配列する。後者の配列法では，流動性の低い順，すなわち，換金性の低い順に配列する。

8-3-1. 流 動 負 債

金融負債とは，他企業に金融資産を引渡す契約上の義務または潜在的に不利な条件で，自企業が金融資産もしくは金融負債を交換する契約上の義務をいう。流動金融負債の具体例として，支払手形，買掛金，借入金，契約負債などがある。

(1) 支 払 手 形

自企業は，他企業から財貨・用役を買求めるときに，現金で支払わずに手形で支払う。この手形は，取引銀行との契約に基づき作られる。なお，手形には，次の条件が付けられる。

＊一定の期日：支払期日が示されている。

＊一定の場所：支払場所（取引銀行）が示される。

＊一定の金額：支払額が示される。

上記のとおり，手形は現金でない。しかし，現金と同様に，財貨・用役の支払手段として使える。

(2) 買 掛 金

自企業は，他企業である仕入先との製品・商品の売買取引のときに，支払義務が現れる。この義務は，現金でも支払うことができる。また，製品・商品の受取り後に支払うこともできる。ここに，債務が現れる。この債務のことを買掛金という。なお，買掛金は，次の条件が付けられる。

＊一定の期日：支払期日が示されている。

＊一定の場所：支払場所（他企業）が示される。

＊一定の金額：支払額が示される。

　上記のとおり，買掛金は現金でない。しかし，現金と同様に，財貨・用役の支払手段として使われている。

(3) 借　入　金

　借入金とは，借用証書や約束手形を差入れたり，金銭消費貸借契約などに基づいて，現金を受取ることにより現れる債務のことである。一般的には，金融機関からの借入れとなる。なお，借入金には，次の条件が付けられる。

＊一定の期日：支払期日が示されている。

＊一定の場所：支払場所（取引銀行）が示される。

＊一定の金額：支払利息を含めた返済額が示される。

　上記のとおり，借入金は自己資金ではない。しかし，自己資金と同様に，運転資金として使える。

(4) 契　約　負　債

　契約負債とは，自企業が他企業に財貨・用役を移転する義務のうち，自企業が他企業からすでに対価を受取っていたにも拘わらず，後日の履行義務になることである（IFRS 15 para.106）。また，対価としての現金の受取期限が到来したときにも，契約負債となる。

　自企業が財貨・用役を他企業に移転する前に，他企業が対価としての金額を支払っていたときには，自企業が当該契約を契約負債として表示する。また，自企業が財貨・用役を他企業に移転する前に，他企業が無条件で財貨・用役の対価としての支払金額に関わる権利を有している。その場合には，他企業が対価としての金額を支払っていたときに，自企業は，当該契約を契約負債として表示する。なお，対価としての金額が支払われたとき，または現金の受取期限が到来したときに，いずれか早い方を計上時とする。なお，契約負債には，次の条件が付けられる。

＊一定の期日：ポイントの行使期日が示されている。

＊一定の場所：ポイントの行使場所（取引売店）が示される。

＊一定の金額：ポイントの換金率が示される。

　上記のとおり，ポイントは現金ではない。しかし，現金と同様に支払能力がある。契約負債の計上について，(株)葛飾Taxi会社の具体的な取引例を挙げながら説明すると，次のとおりになる。すなわち，(株)葛飾Taxi会社は，(株)駒込の社員に対してタクシー料金をクレジット・カードで売上げた。料金は，ポイント・カードを使い，月末締め翌月払いとした。なお，ポイントが行使される割合を80％と見込んだ。この見込み分を「契約負債」として計上する。この見込み分の80％の内の90％が(株)駒込の社員によって行使されると費用となる。そして，行使期間を過ぎても行使されなかった10％は収益となる。

8-3-2. 固 定 負 債

(1) 社　　債

　社債とは，一般大衆から長期資金を調達する金融負債である。IFRSでは，社債は，償却原価で測定される。すなわち，当初認識時は，発行価額から社債発行費などの取引費用を控除した金額で測定される。その後は，毎期末において実効金利法に基づき償却原価で測定される。なお，社債には，次の条件が付けられる。

＊一定の期日：社債発行時に償還日が示される。
＊一定の金額：実効金利法に基づき償却原価が示される。
＊一定の保証：償還日に償却原価が返済される。

　上記のとおり，社債は自己資金ではない。しかし，自己資金と同様に，運転資金として使われる。

(2) 引　当　金

　引当金とは，義務として現れる時期または義務の対価としての金額が確実なときに現れる負債である。引当金として認識にするには，次の条件を満たさなければならない。

① 現在の法的債務

　現在の法的債務は，過去事象の結果として現れる。すなわち，債務実現事象

のことである。この事象では，債務を履行する以外の選択肢が現実的になく，法律ないしは実務指針に従って履行できる。ここでの法的債務とは，契約，法律から現れる債務である。なお，商慣習，実務指針に基づき，企業が取引の当事者に義務を果たす推定債務は，引当金として計上できなくなった。

② 資源流出の可能性

債務を履行するために，経済的便益である資源を流出させる可能性が高い。ここでの流出性の高さは，50％超のことである。

③ 債務額の測定

信頼できる見積り方法で，債務の金額を測る。

製品保証引当金を（株）葛飾Taxi会社の具体的な取引例を挙げながら説明すると，次のとおりになる。すなわち，（株）葛飾Taxi会社は，高田販売店にコイン・ケースを卸している。高田販売店が売上げたコイン・ケースに欠陥があったときには，（株）葛飾Taxi会社が無料で交換や修理をおこなう契約を結んでいる。無償保証期間は3年間とする。製品保証引当金の金額は，過年度の保証費用および製品売上高を基準として実績率に基づき売上高の1.5％とする。

(3) 退 職 給 付

企業は，従業員に退縮給付を支払うために，生命保険会社，信託銀行などと契約して基金を設けている。企業は，定期的に掛金を契約会社に払込んで支払財源を蓄積する。退職する従業員には，その基金から支払うしくみを採っている。

退職給付制度には，確定拠出型と確定給付型がある。このうちの確定給付型では，退職時に従業員が受取る給付額があらかじめ一定の計算式などで定められている。仮に，給付額が不足したときには，企業が負担することになる。なお，純確定給付負債の計上額には，「資産上限額」という制限するアセット・シーリングの規定がある（IAS 19, para.58）。

純確定給付負債＝退職給付債務－制度資産（±アセット・シーリング）

アセット・シーリングとは，確定給付型の企業年金制度が積立超過であると

きに,「資産上限額」を制限する規定である。なお,下記①と②のいずれか小さい金額まで資産として計上できる。

① 制度資産 − 退職給付債務
② 将来掛金の減少による経済的便益

8-4. 日本への波及効果

日本では,資金調達という視点から負債と資本を同列に扱ってきた。すなわち,負債を他人資本,資本を自己資本と位置づけてきた。これに対し,IFRSは,負債を企業リスクと捉えている。仮に,企業が清算されるときに,清算時に負うべき義務を計上する。義務には,法的なものもあれば,商慣習として果たすべき義務もある。IFRSでは,法的な義務に限定している。

日本では,企業業績を誇る目安として,売上第一主義という商慣習がある。売上時のポイント制では,ポイントによる還元額を引当金として計上してきた。ところが,IFRSでは,売上高から直接控除する契約負債を定めた。このことによって,売上高を総額から純額へと移し,計上することになった。まさに,激震が走った。

また,引当金においても,評価性が認められなくなった。このことで,貸倒引当金の計上が難しくなった。日本では,現金取引よりも掛けによる取引が頻繁におこなわれてきている。取引先の経営状態が悪くなると,貸倒引当金を計上し,その後の推移を見守ることになる。これに対し,IFRSでは,掛けの減損処理として計上する。まさしく,リスクの早期計上となる。

演習問題 8.
(株)葛飾 Taxi 会社は,高田販売店にコイン・ケースを卸している。高田販売店が売上げたコイン・ケースに欠陥があったときには,(株)葛飾 Taxi 会社が無料で交換や修理をおこなう契約を結んでいる。無償保証期間は 3 年間とする。製品保証引当金の金額は,過年度の保証費用および製品売上高を基準として実積率に基づき売上高の 1.5% とする。この取引については,(株)葛飾 Taxi 会社側の仕訳をしなさい。

8-5. Check Point

　以上，本章では，負債の意義を論じてきた。負債は，企業リスクである。リスクの内にも，法的なものもあれば，商慣習的なもののある。IFRSは，法的な義務，すなわち，債務に力点を置いている。

　当然ながら，企業は，持続可能なビジョンを持ち合わせている。と同時に，清算時の負債総額を念頭に置いて事業を営んでいる。リスクとしての負債において，最も拘束力の強いのが債務である。したがって，IFRSは，拘束力の強いものを負債として計上することになる。

　また，公正価値を退職給付額の計算時に取入れることで，従業員が退職するときの給付額を定め，その額に基づき現在価値に割引くる。当然ながら，割引率によって，割引現在価値の額が大きく変わってくる。

　財務情報の信頼性は重要である。また同時に，財務情報から将来の経営状態を予測することも重要である。ときとして，財務情報の信頼性と経営状態の予測が両方で綱引きになることもある。財務情報の信頼性に偏りすぎると，経営状態の予測が難しくなる。少なくとも，負債に関しては，財務情報の信頼性を重視している。

　本章を学んだ読者は，次のことができるようになる。

＊負債は，企業リスクであることが理解できるようになる。

＊負債は，法的義務に基づいて計上することが理解できるようになる。

＊公正価値の導入により，割引現在価値が採られるとが理解できるようになる。

引用文献

（1）IASB［2008］：*IFRS 5, Non-current assets*, International Accounting Standards Board.

（2）IASB［2012］：*Conceptual Framework（Paused）*, Project, Work Plan for IFRSs, Conceptual Framework, International Accounting Standards Board.

（3）IASB［2013］：*IFRS 15, Fair Value Measurement*, International Accounting Standards Board.

（4）　IASB［2018］：*Conceptual Framework for Financial Reporting 2018*, International Accounting Standards Board.

（5）　IASC［1997］：*IAS 1, Presentation of Financial Statements*, International Accounting Standards Committee.

（6）　IASC［1996］：*IAS 12, Income Taxes*, International Accounting Standards Committee.

（7）　IASC［1996］：*IAS 26, Accounting and Reporting by Retirement Benefit Plans*, International Accounting Standards Committee.

（8）　IASC［1998］：*IAS 37, Provisions, Contingent Liabilities and Contingent Assets*, International Accounting Standards Committee.

（9）　IASC［2011］：*IAS 19, Employee Benefits*, International Accounting Standards Committee.

（10）　島崎杉雄［2021］：「概念フレーム・ワーク」『IFRSを紐解く』森山書店。

第9章　持　分　会　計

9-0. Focus

International Accounting Standards Board（以下，IASBと略し，国際会計基準審議会と訳す。）の公表する"Conceptual Framework for Financial Reporting 2018"（以下，Framework と略し，『概念フレーム・ワーク』[2018]と訳す。）では，財務諸表（financial statements）を構成する要素として資産（asset），負債（liability），持分（equity），収益（income），および費用（expense）に関する財務情報を提供する。このことで，『概念フレーム・ワーク』[2018]は，報告企業の将来の純現金流入の見込みの評価と報告企業の経済的資源に対する経営者の受託責任の評価をすることを掲げている。日本では，純資産（net asset）の部と示す箇所である。本章では，持分に関連する概念と，持分に関する取引の会計処理について学ぶ。

　学習ポイントは，次のとおりである。

＊持分の概念を学び，理解できるようにする。

＊IAS 21『外国為替レート変動の影響』について学び，理解できるようにする。

＊IAS 26『退職給付制度の会計および報告』について学び，理解できるようにする。

9-1. 持　分　と　は

9-1-0. 持分と持分変動計算書

　IAS 1が定める財務諸表には，財政状態計算書 (statement of financial position) と財務業績計算書 (statement of financial performance)，そして，持分変動計算書 (statement of changes in equity) がある。これらは，Japan Generally Accepted Accounting Principle (JP-GAAPと略し，日本基準と訳す。) における貸借対照表と損益計算書，株主資本等変動計算書に該当する。また，親会社である企業が所有する子会社を支配しているときに，親会社と子会社の両方の情報を単一の経済的実体として財務諸表を公表する。その場合に，公表する連結財務諸表 (consolidated financial statements) との関係も深い。連結財諸表では，親会社と子会社をひとつの報告企業とみなし財務報告をおこなう。

　ここで，持分 (equity) とはなにかを整理すると，持分とは，すべての負債を控除した後の企業の資産に対する残余持分のことである。このことは，IASBの『概念フレーム・ワーク』[2018] の第4章において定義されている。また，持分請求権 (equity claim) とは，企業のすべての負債を控除した後の資産に対する残余持分に対する請求権と定義している。すべての負債を控除した残余の資産に対する請求権であることから，企業に対する請求権のうち，負債として先に定義づけられなかったものが持分として規定される。

　持分の情報は，資産と負債とともに，企業の財政状態をあらわす要素の1つとして財政状態計算書に記載される。くわえて，その詳細な変動については，持分変動計算書において記載される。持分変動計算書には，純損益，その他の包括利益，および持分請求権が当期首と当期末の間でどのような変動があったのかという内容を表示する，役割がある。持分変動計算書には，以下の情報を記載する。

(1) 当期の包括利益の合計 (親会社の所有者分に帰属する分と被支配持分に帰属する分とを区分して表示)

(2) IAS 8に従って認識された会計方針の遡及訂正または修正再表示の株主持分に含まれる項目への影響額

(3) 株主持分に含まれる個々の項目への期首と期末の調整表（純損益，その他の包括利益，所有者の立場での所有者との取引）

　なお，その他の包括利益に含まれる個々の項目に関する調整額や一株当たりの株主への配当金額は，持分変動計算書上に表示あるいは注記にて開示しなければならない。

　さらに，持分法（equity method）という方法論もある。これは，投資会社が被投資会社の資本および損益のうち，投資会社に帰属する部分の変動に応じて連結決算日ごとに修正する方法のことである。連結財務諸表を作成する場合や個別財務諸表において，持分法を適用して算定された財務情報に係る注記をおこなう場合に適用されるものである。

9-1-1. 資本および資本維持の概念

　持分は，日本では一般的に純資産（net asset）あるいは資本（capital）と呼ばれている。資産と負債の差額と理解されている。会計において利益計算をするにあたっては，その元本となる資本ないし資金が深く関っている。そのため，IASBの『概念フレーム・ワーク』[2018]第8章「資本および資本維持の概念」のなかでは，資本，利益，および資本維持に関する概念について規定している。

　資本の概念には，貨幣資本概念（financial concept of capital）と実体資本概念（physical concept of capital）がある。前者は，投下した貨幣または購買力等そのものを資本であるとの意味である。ほとんどの企業が，この概念を採用している。貨幣資本維持の概念のもとでは，資本は，企業の純資産または持分と同義となる。後者の実体資本概念は，1日当たりの生産量に基づく企業の生産能力のように，具体的な物的生産能力を資本とする考え方である。

　上記2つの概念は，何を資本として維持するかという観点からみると，貨幣資本の維持（financial capital maintenance）と実体資本の維持（physical capital maintenance) という 2 つの資本維持の概念が導かれる。貨幣資本の維持に関わる概念のもとでは，期末の純資産の名目貨幣単位が期首のそれを超える場合にのみ，利益が稼得された，と解される。他方，実体資本の維持に関わる概念のもとでは，期末における企業の物的生産能力または操業能力の増加額が期首のそれを超える場合にのみ，利益が稼得された，と解される。

　その他にも，資産または負債の再評価 (revaluation) あるいは修正再表示 (restatement) によって，持分は増減する。このような増減は収益および費用の定義を満たすものの，資本維持概念のもとでは資本維持修正 (capital maintenance adjustments) または再評価積立金 (revaluation reserves) として持分に含まれる。

9-1-2.　資本概念と持分概念

　IASBの『概念フレーム・ワーク』では，資本利益計算に関しては，資本概念を採用している。そして，財務諸表の構成要素という基礎概念に関しては，持分概念という別の概念を使用している。

　一般的に，「資本 (capital)」は，資金調達 (資本調達) 手段として，株主からの出資額とその増減額となる。積極的に捉えた場合には，これは総額概念としてみられる。また，資産から負債を控除した残高と消極的に捉えた場合には，純額概念といえる。したがって，ここには，資本等式や貸借対照表等式から導かれる，資本概念が見受けられる。

　他方，「持分 (equity)」は，企業に対する請求権として積極的に捉えた場合は，総額概念である。そして，資産から負債を控除した残高と消極的に捉えた場合には，純額概念となる。

　「純資産 (net asset)」は，資産から負債を控除した後の残余を意味していることから，純額ないし差額概念である。

　資本概念と持分概念の関係に関して，IASBの『概念フレーム・ワーク』[2018] では，投下資本の回収余剰を利益と解している。また，投下した貨幣または購買力という貨幣資本概念のもとでは，「資本」は企業の「純資産」または「持分」と同義である。したがって，IASおよびIFRSを含む国際基準では，資本，

持分，および純資産は同義なのである。

9-1-3. 持分となる項目

　IASBの『概念フレーム・ワーク』［2018］では，資本金および剰余金の表示，持分変動計算書の開示，注記事項を規定している。財政状態計算書および持分変動計算書に国際基準として規定される持分の項目は，次のとおりである。

　IAS 16『有形固定資産』

　IAS 19『従業員給付』

　IAS 21『外国為替レート変動の影響』

　IAS 26『退職給付制度の会計および報告』

　IAS 32『金融商品：表示』

　IAS 38『無形資産』

　IAS 39『金融商品：認識および測定』

　IFRS 9『金融商品』

　上記のうち，例えば，IAS 32では資本に区分される持分金融商品を規定しているように，資産，負債，収益，費用にはない持分に相当する項目のみが持分変動計算書にて集約し公表される。これより，本章では，IAS 21『外国為替レート変動の影響』およびIAS 26『退職給付制度の会計および報告』について，その基準内容を整理する。

9-1-4. JP-GAAPとの違い

　持分とは，一般的に資産と負債の差額と理解される「純資産」や「資本」と同義として用いられている。IASBにおいても，持分は純資産と同義としている。一方，JP-GAAPでは，純資産を資産と負債の差額と定義している。さらには，純資産のうち報告主体の所有者である株主（連結財務諸表の場合には親会社株主）に帰属する部分を「株主資本」とし，純資産（または持分）と（株主）資本を区別して定義している。そのため，日本では必ずしも持分と純資産は同義あると言い切

ることではできない。なお，日本の会社法に基づいて作成される計算書類のひ
とつである，純資産等変動計算書は，国際基準においては持分変動計算書に該
当する。

9-2. 外国為替レート変動の影響 (IAS 21)

9-2-0. 外貨換算と外貨建取引

　外貨換算とは，外貨建や外国通貨で測定されている金額を，企業が主要な経
済環境で用いている通貨（機能通貨）に表示換えする手続きのことである。海
外との取引をおこなうには，直接に外貨建取引 (foreign currency transaction) を
おこなう場合と，海外に存在する子会社や支店等の在外営業活動体 (foreign
operations) を通じて取引をおこなう場合がある。

表9-0　機能通貨を決定する指標

＜優先的指標＞ (1)財貨・用役の販売価格に多大な影響を及ぼす通貨 (2)その競争力や規制が，財貨・用役の販売価格の決定に影響を及ぼす国の通貨 (3)価格表示や決済に用いられ，労務費，材料費，財貨・用役を提供するためのその他の原価に影響を及ぼす通貨 (4)負債証券や持分証券等を発行することで財務活動資金を調達する際の通貨 (5)営業活動から得られる受取金額を通常留保している通貨 ＜追加的指標＞ (6)在外営業活動体の自主性の程度 (7)在外営業活動体と報告企業との取引の割合 (8) 在外営業活動体のキャッシュ・フローが，報告企業のキャッシュ・フローに直接影響を及ぼし，送金可能か否か (9)報告企業からの資金援助がなくとも，債務返済や存続に十分か否か

出典：IAS 第21 号に基づき筆者作成

IAS 21では，外貨建取引および在外営業活動体の換算ならびに正味投資（net investment in a foreign entity）に関する会計処理について定めている。機能通貨（functional currency）とは，企業が営業活動をおこなう主たる経済環境の通貨のことである。通常，企業が主にキャッシュ・フローを創出する通貨として定義されている。外貨建取引とは，外貨で価格が表示されている財貨の売買およびサービスの授受や，外貨による資金の借入れまたは貸付け，負債の引受けや決済が外貨表示される場合のように，外貨で表示されているか，または外貨での決済を必要とする取引のことをいう。外貨建取引の会計処理をおこなうためには，企業の機能通貨を決定し外貨建取引の範囲を定める必要がある。なお，外貨建取引をおこなった場合は，為替レートを通じて機能通貨に換算する。機能通貨を決定するには「表9-0」の（1）から（5）までの指標を考慮する。また，在外営業活動体の機能通貨を決定することに関しては，報告企業の機能通貨と同じであるかどうかを判断するために（6）以降の指標を考慮しなくてはならない。

9-2-1. 外貨建取引による報告

IAS 21によると，外貨建取引は，当初認識時において取引日の機能通貨と外貨の直物為替レートを適用することで，機能通貨を認識し記録する「取引日レート（historical rate）」が用いられる。また，近似で1週間あるいは1か月間の「平均レート（average rate）」を用いることも，実務上，認められている。当初認識後の決算日には，次のように報告しなければならない。

(1) 外貨建の貨幣性項目（monetary items）は，決算日レート（closing rate）で換算し報告する。

(2) 取得原価で測定されている非貨幣性項目（non-monetary items）は，取引日レートで換算し報告する。

(3) 公正価値で再評価される非貨幣性項目は，当該公正価値が決定された決算日レートで換算し報告する。

ここでいう貨幣性項目とは，固定または決定可能な数の通貨単位を受取る権利（または引渡す義務）を特徴として有する売掛金（買掛金）や貸付金（借入金）等の

資産 (負債) が該当する。非貨幣性項目とは，上記の特徴を有しない項目である。棚卸資産や前払金 (返金されないもの)，株式等が該当する。例えば，有形固定資産は，IAS 16『有形固定資産』に従って公正価値または取得原価によって測定される。ただし，金額が外国通貨で決定されている場合には，当該金額は機能通貨に換算される。機能通貨に換算される資産として，IAS 2『棚卸資産』に従って決算日に取得原価または正味実現可能価額のいずれか低い価額で計上した，棚卸資産が該当する。また，IAS 36『資産の減損』に従って減損損失の可能性を考慮する前の帳簿価額か，回収可能額のいずれか低い価額で計上した，減損の資産が非貨幣性をもつことがある。そのときに，外国通貨で測定されている場合には，取引日レートで換算された取得原価または帳簿価額と決算日レートで換算された正味実現可能価額または回収可能価額を比較して決定する。

表 9−1　外貨建取引の仕訳例

(1) y_i 年 m_3 月 d_1 日，米国の A 社から商品 300 ドルを掛で仕入れた。
　　取引日レート $1＝¥100

(借)仕入	30,000	(貸)買掛金	30,000

(2) y_i 年 m_3 月 d_{31} 日，A 社に対する買掛金が未決済のまま決算日を迎えた。
　　決算日レート $1＝¥95

(借)買掛金	1,500	(貸)為替差益	1,500

(3) ③y_i 年 m_5 月 d_{31} 日，A 社に対する買掛金を現金決済した。
　　決済日の為替レート $1＝¥105

(借)買掛金	28,500	(貸)現金	31,500
為替差損	3,000		

出典：筆者作成

　このように外貨建取引から生じる貨幣制項目について，取引日と決済日の間で為替レートが変動したために生じる為替差額 (exchange differences) は，原則として発生した会計期間の純損益として認識しなければならない。なお，為替差

額の種類として，取引が発生した会計期間内に決済される場合に生じる決済差額と，期末に未決済の貨幣性項目を決算日レートで換算する場合に生じる換算差額がある。

　例外として，連結財務諸表における在外営業活動体に対し，貨幣性項目である債権または債務を有しているが，決済の予定がなく，予見可能な将来においても決済される可能性が低い場合がある。当該債権または債務は，その在外営業活動体に対する企業の正味投資の一部としてみなす。為替変動による換算差額は，その他の包括利益（為替換算調整勘定）で認識する。また，非貨幣性項目から生じる為替差額については，その損益がその他の包括利益として認識される場合には，当該為替差額もその他の包括利益に計上される。ただし，純損益として認識する場合には，当該評価差額も損益として計上される。また，税効果を伴う為替差額については，IAS 12『法人所得税』が適用される。

9-2-2. 外貨建財務諸表の換算

　在外営業活動体は，各事業拠点において財務諸表を表示することが可能である。そこで，在外営業活動体における外貨表示財務諸表 (foreign currency financial statements) を報告企業（親会社または本店）の財務諸表あるいは連結財務諸表に組み込むために，共通の通貨へと，換算が必要となる。

　在外営業活動体の機能通貨と報告企業の機能通貨が同じ場合であれば，当該在外営業活動体の外貨表示財務諸表は，外貨建取引の決算日における換算方法と報告方法と同様の手法で機能通貨へと換算する。貨幣性項目は，決算日レートにより換算される。取得原価で計上されている非貨幣性項目は，取得日レートにより換算される。そして，公正価値で計上されている非貨幣性項目は，再評価日の為替レートにより換算される。このような換算方法を，一般に「テンポラル法 (temporal method)」と呼ぶ。損益項目の換算には，原則取得日レートを適用する。ただし，それに近似する一会計期間の平均レートを用いることも認められている。また，換算から生じる為替差額も外貨建取引に伴う為替差額と同様に，その期の損益として認識される。

　一方，在外営業活動体の機能通貨が外貨であり，報告企業の機能通貨と異なる場合，外貨表示財務諸表を表示通貨へと換算する必要がある。すべての資産・負債項目は，決算日レートで換算される。損益項目は，原則，取得日レートで換算あるいは実務上の配慮にて近似した平均レートでの換算が認められている。IAS 21では，この手続きを「表示通貨への換算 (translation to the presentation currency)」と称している。一般には，「決算日レート法 (closing rate method)」と呼ばれている。在外営業活動体の財務諸表の換算から生じた為替差額は，その累計額をその他の包括利益累計額として財政状態計算書の持分に表示する。その期中変化額は，その他の包括利益として包括利益の算定に含める。

9-2-3.　財務諸表の換算の個別問題

(1) 在外営業活動体の取得

　在外営業活動体を取得したときに生じるのれんと，資産および負債の帳簿価額の公正価値の修正によって生じる差額は，在外営業活動体の資産および負債として処理されなければならない。したがって，在外営業活動体の機能通貨として表示され，決算日レートで換算しなければならない。

(2) 在外営業活動体の処分

　報告企業が在外営業活動体を処分したときは，その持分は，その他の包括利益として認識される。財政状態計算書の持分の個別項目に計上された，為替差額の累計額は，処分による利益または損失が認識される。そのときに，その他の包括利益から当該期間の損益に組替調整額として振替えなければならない。

(3) 機能通貨の変更

　原則として，一度決定した機能通貨を変更することはできない。ただし，取引関係や経済事象等の変更がある場合に限り，機能通貨の変更が認められる。その場合，変更日の為替レートですべての項目を換算し直す処理をおこなう。

9-2-4.　開　　　示

　為替差額に関して，以下の事項を開示しなくてはならない。

(1) IFRS 9の適用を受けて純損益を通じて公正価値で測定される金融商品から生じたものを除いたうえで,純損益に認識した為替差額

(2) その他の包括利益に認識される為替差額の期中変化額と財政状態計算書の持分の個別項目に累積される正味為替差額

(3) 期首および期末時点の為替差額の調整表

(4) 表示通貨が機能通貨と異なる場合,その旨の説明および機能通貨の名称

(5) 機能通貨を変更する場合,その旨および変更理由の説明

企業が機能通貨と異なる通貨で財務諸表を表示する場合には,IAS 21に従い決算日レート法で換算手続きをおこなう。その場合に限り,当該財務諸表が,IFRSに準拠している旨を記載しなくてはならない。

9-2-5. JP-GAAPとの違い

外貨建取引の基本的な考え方は,IFRSと大きな違いはない。しかしながら,日本における外貨建取引に関する基準として,企業会計基準審議会による『外貨建取引等会計処理基準』がある。この基準では,日本企業は日本円に基づき財務諸表を作成するという前提で定められている。そのため,機能通貨という概念がない,という違いがある。

JP-GAAPは,在外拠点に関して在外子会社と在外支店とでは処理を分けている。在外子会社は,現地通貨で財務諸表を作成することと規定されている。親会社と連結する際には,IFRSの表示通貨への換算と同様の手法が採用される。収益・費用の換算は,原則が期中平均相場であるが,決算日レートによることも可能である。在外支店は,原則,日本円に基づき本店同様の手順で財務諸表を作成する。ただし,現地通貨に基づき作成することも可能である。その場合は,本支店合算のときに換算が必要となる。また,財政状態計算書に計上される為替差額を,JP-GAAPでは,為替換算調整勘定と称するとの違いがある。

9-3. 退職給付制度の会計および報告 (IAS 26)

9-3-0. 退職給付制度

　IAS 26では，IAS 19『従業員給付 (employee benefits)』とは別に，積立機関を母体企業とは別の会計主体として認識する。そこでの会計処理として，退職給付制度 (benefit plans) を規定している。多くの企業では，退職給付の支払いのために銀行や保険会社等の各種金融機関と契約を締結し基金を設立する。そこへ毎期計画的に所定の掛金を払う。退職する従業員には，その基金から退職給付を支払う外部積立方式を採用する。企業が払込んだ掛金は，基金として蓄積されたり，その他は有価証券等の金融商品に運用され，運用益が生じる。なお，IAS 19の場合は，内部引当と外部積立の両方に適用される。ところが，IAS 26では，外部積立方式を採用する企業の制度が確定拠出制度 (defined contribution plans) と確定給付制度 (defined benefit plans) のいずれであるかによって，会計処理は異なる。

　これらの金融機関は，退職給付制度の会計報告として，期末時点で基金が保有する現金や有価証券等の資産から未払金や未払費用を控除する。そして，期末の純資産の公正価値を表示する目的で，給付のために利用可能な純資産計算書 (statement of net assets available for benefits) と称する財政状態計算書に相当する書類を作成する。また，財務業績計算書または包括利益計算書に相当する書類として，給付のために利用可能な純資産変動計算書 (statement of changes in net assets available for benefits) を作成する。この書類では，基金が期中に母体企業から払込まれた掛金と運用益から退職給付支給額や管理費を控除して，純資産の期中増減の状況を表示する。

9-3-1. 確定拠出制度と確定給付制度

　確定拠出制度とは，退職給付として支払われる金額が，基金の掛金額および基金の投資によって獲得した運用益によって算定される退職給付制度である。

確定給付制度とは，退職給付として支払われる金額が，通常，従業員の収入や勤続年数を基礎とした計算式により算定される退職給付制度である。この場合，将来退職者が受取る給付額は，あらかじめ一定の計算式等で決められておいる。財源の不足分は母体企業が負担するため，給付のために必要な基金が確保されているのか否かという，情報が注目される。したがって，確定給付制度の場合に限り，退職給付債務の金額と資産の過不足額の情報を公表する必要が生じる。そのため，退職給付制度の会計報告として純資産計算書と純資産変動計算書の本体に加える。そして，退職給付制度の概要，重要な会計方針，基金の積立方針等の注記事項を公表する。

9-3-2. JP-GAAP との違い

日本では，IAS 26 のような外部積立先の金融機関の会計処理に対する会計基準は定められていない。厚生労働省の省令および行政機関の通知等によって公表される。そのため，日本の企業年金基金の場合，「確定給付企業年金法施行規則」や「確定給付企業年金制度について」および「確定給付企業年金の規約の承認および認可の基準等について」という厚生労働省による文書規定に従い，財務諸表を作成することとなる。

9-4. 日本への波及効果

株式会社の形態を採用する企業や在外子会社を持つ企業が増加することで，企業形態や資金調達の手段が拡張した国際社会となって久しい。このような社会では，株主や親会社の持分に関する会計処理が増加した。貸借対照表からは読み取ることのできない，当期中の純資産の変動額については，株主資本等変動計算書に表示することで，有用な情報提供が可能となった。

国際基準と JP-GAAP では，資本と持分の概念に違いがみられる。今後，ますます持分会計の領域は，重要な会計情報となりうる。国際基準を参考として，JP-GAAP が整備されることが期待される。

　現状では，本章で扱った外国為替レート変動を考慮する外貨建取引の場合，現在の日本の『外貨処理基準』はIAS 21と比較すると，違いが多い。日本では，1970年代の国際通貨危機により変動為替相場制度に移行した時期から，国際的な通貨・金融制度の会計処理や財務報告書における外貨表示の関する議論を重ねてきた経緯がある。

　他方，外部積立先の金融機関における退職給付制度の場合は，現在の日本では必要に応じて政令・省令を通達するに留まっている。該当する会計処理に関する規定はない。そのため，今後，整備される際には，国際基準が参考とされる，と考えられよう。

演習問題 9-0.
　持分とは，報告企業のなにを表す構成要素であるか，60字以内で述べなさい。

演習問題 9-1.
　次 (1) ～ (4) の各外貨建項目が決算日の財政状態計算書に計上されている場合，①～③の状態がどうなるのか解答し，解答欄の表を完成させなさい。
　＜外貨建項目＞
　(1) 外貨建売掛金および買掛金
　(2) 取得原価で測定されている外貨建棚卸資産
　(3) 公正価値測定されている外貨建株式
　(4) 公正価値モデルを採用する外貨建投資不動産
　＜状態＞
　①貨幣性項目か非貨幣性項目か
　②決算日レートによる換算がなされるか否か
　③決算日レート換算がなされる場合，換算差額の計上区分はその他の包括利益であるか純損益であるか

演習問題 9-2.
　IAS 19 と IAS 26 は，いずれも退職給付制度についての規定である。その違いを120字以内で説明しなさい。

9-5. Check Point

　以上，本章では，持分会計を論じてきた。日本の法律や会計基準に則り公表される財務諸表と，IASやIFRSに基づき公表される財務諸表には，違いが多数みられる。その中で，本章では，持分会計について取扱った。IASやIFRSに基づく国際基準では，持分とは，すべての負債を控除した後の企業の資産に対する残余持分であり，持分請求権と定義される。一方，JP-GAAPでは，純資産を資産と負債の差額と定義している。さらには，純資産のうち，報告主体の所有者である株主（連結財務諸表の場合には親会社株主）に帰属する部分を「株主資本」とする。純資産（または持分）と（株主）資本を区別して定義している点に，両者の違いがみられる。

　持分に関する会計処理の例として，外貨建取引について，JP-GAAPでは，在外拠点に関して在外子会社と在外支店とでは処理を分けている。在外子会社は，現地通貨で財務諸表を作成することを定めた。また，親会社と連結する際には，IFRSの表示通貨への換算と同様の手法が採用される。

　なお，JP-GAAPでは，IAS 26のような外部積立先の金融機関の会計処理に対する会計基準を規定していない。

　本章を学んだ読者は，次のことができるようになる。

＊持分の概念を学び，理解できるようになる。

＊IAS 21『外国為替レート変動の影響』について学び，理解できるようになる。

＊IAS 26『退職給付制度の会計および報告』について学び，理解できるようになる。

第IV編
フロー（費用・収益）計算

　本編では，企業の経営成績を適切に測定，記録，および報告するための理論や方法の会計領域を学ぶ。企業の経営成績を把握するためには，株主などが出資した払込資本を含む純資産が，企業活動の結果，どのような原因でどれだけ増加もしくは減少したのかが明らかにされなければならない。経営成績を示す財務業績計算書における「包括利益」は，必ずしも事業活動と関連するとは限らない。ある企業の特定期間の財務諸表において認識された純資産の変動額のうち，当該企業の純資産に対する持分所有者との直接的な取引（＝資本取引）によらない部分のことを指す。この「包括利益」は，経営上の利益を市場のリスク動向に合った実態として把握することができる。包括利益は，「親会社株主に帰属する当期純利益」と「その他の包括利益」からなる。財務数値の国際的な比較可能性の向上などを目的として，企業の事業活動の結果に加えて，株価，為替，金利などによる保有する資産・負債の時価が変動することも含めた利益である，包括利益が重視されている。

　包括利益は，財務状態計算書における期首純資産と期末純資産の差額で計算が可能である。しかし，包括利益が計算されるだけでは，どのような原因で当期純利益を獲得したのかは明らかにはならない。包括利益の発生原因を明らかにするのは，収益と費用増減にある。収益とは純資産の増加原因のことである。また，費用とは純資産の減少原因のことである。ただし，増資や減資，株主への配当の支払いも純資産を増減させる原因となる。前者は資本取引であり，後者は利益処分なので，企業の経営成績と関係する純資産の増減とは異なる。

　資産の増減から生じる収益，そして，負債の増減から生じる費用の流れを認識・測定する損益計算をフロー計算という。その結果は，経営活動のプロセス

別に包括利益計算書に表示される。このフロー計算の目的は，経営者の経営管理，株主などの出資者への配当金の支払いのための配当可能利益の計算など，企業にとってどれだけの費用でどれだけの収益を獲得し，どれだけの利益を得たのかといった財務情報を作り上げることである。これらは，経営活動を継続するためには欠かすことのできない情報である。さらに，株主にとっては，投資を回収する手段の一つである配当金の受取りに関心がある。そのため，企業がどのような過程でどれだけの利益を獲得し，株主自身にどれだけの配当が支払われるかが重要となる。一般的に，企業の経営成績を表す財務諸表としての財務業績計算書は，財政状態計算書，キャッシュ・フロー計算書と並んで，企業の経営状態を表す重要な決算報告書として位置付けられている。国際基準（International Accounting Standards と International Financial Reporting Standards を併せた基準）による利益の概念は，財務業績計算書による包括利益を指す。すなわち，未実現利益を主な特徴とした期間業績に含めることが妥当でない純資産の増減を示す「その他の包括利益」を含む広義の利益概念といえる。

　本編では，フロー計算を費用会計と収益会計に分け，国際基準によるそれぞれの認識・測定・表示形式を学習する。

第10章　費　用　会　計

10-0. Focus

　費用とは，資産の減少または負債の増加である。すなわち，持分請求権の保有者への分配に関連するもの以外の持分の減少を生じさせるものをいう。この定義にみられる特徴は，費用を定義する際に，費用の説明を資産および負債の変動として捉えているところである。それゆえ，この定義づけの方法は，資産・負債アプローチと呼ばれている。とりわけ，資産・負債の定義を重視することになるので，財務諸表における他の構成要素，すなわち，持分，収益，および費用は，資産・負債から導き出されることになる。

　資産・負債アプローチによる費用計上は，財貨・用役を仕入れるときの仕入高ならびに売上原価の計上額に特化されている，と解される。また，収益計上も売上高に特化されている。すなわち，営業利益の計上に重きを置いた会計である，と解される。

　本章の学習ポイントは，次のとおりである。
＊費用がどのように定義されるのか，理解できるようにする。
＊費用がどのように認識されるようになるのか，理解できるようにする。

10-1. 費用会計基準の基本原則

　費用会計基準の基本原則は，自企業が他企業から移転されると約束された財貨・用役を受取るときに，自企業が義務として果たすべき見込み対価の額を現

すことである。財貨・用役の支配が他企業から移転されることで，費用が認識される。例えば，（株）葛飾 Taxi 会社が ㈱巣鴨製作所から商品（コイン・ケース）を 32,000 円で仕入れた，という取引例を使って費用認識を説明する。そうすると，コイン・ケースの支配は，㈱巣鴨製作所から（株）葛飾 Taxi 会社に移転される。（株）葛飾 Taxi 会社が果たす義務として見込まれる，対価の額は 32,000 円となる。ここでの 32,000 円は，取引価格となる。

　他企業からの支配移転による費用認識は，資産・負債アプローチに基づくものである。資産・負債アプローチは，資産・負債の定義ならびに計上要件を明確にすることで，収益・費用を資産・負債の増減として捉える考え方である。資産・負債アプローチによれば，費用認識は次のように説明できる。

　自企業が他企業と契約を締結すると，他企業に対価を支払う義務を果たす。その見返りに，他企業から財貨・用役を移転する権利を得ることになる。契約の時点では，その義務と権利は同額である。両者の間には差額がない。しかし，自企業が他企業から財貨・用役を受取ると，移転権利が消滅する。そして，対価を支払う義務だけが残る。この義務が費用として計上される。つまり，財貨・用役を他企業から自企業に移転されることにより，資産・負債の変動が生じて，費用が認識されることになる。

10-2.　費用の認識モデル

　費用の基本原則の礎となる基盤は，いつ（認識）といくら（測定）である。費用認識規準の目的は，他企業との契約から生じる費用の金額，タイミング，費用の不確実性，および Cash Flow に関する有用な情報を財務諸表利用者に報告するための原則を確立することである。よって，この基本原則に従って費用を認識するために，次の 5 つのステップが示されることになる。なお，ここでの費用の認識モデルは，IFRS 15 の収益の認識モデルを参照している。

〔ステップ1〕他企業との契約を識別する。
〔ステップ2〕契約における履行権利・義務を識別する。
〔ステップ3〕取引価格を算定する。
〔ステップ4〕契約における履行権利に取引価格を割当てる。
〔ステップ5〕履行権利を充足したときに，または充足するにつれて費用を認識する。

10-2-0.　各ステップの概要

〔ステップ1〕契約の識別

　自企業は，費用認識の対象となる次のすべての要件を満たし，他企業との契約を識別する。

(1) 当事者(自企業・他企業)が，書面，口頭，取引慣行などにより契約を承認し，それぞれの権利・義務の履行を約束していること

(2) 移転される財貨・用役に関して，自企業の義務を識別できること

(3) 移転される財貨・用役の支払条件を識別できること

(4) 契約に経済的実質があること

(5) 他企業から移転され財貨・用役との引換えに，自企業が義務を果たすこととなる，対価の支払可能性が高いこと

(6) 他企業から自企業に移転された財貨・用役に関して，その後の価値減少を，自企業が識別すること

〔ステップ2〕履行権利の識別

　財貨・用役の支配移転パターンのとき，履行権利に注目し，この履行権利を特定化する。履行権利とは，他企業との契約に基づいて，財貨・用役が他企業から自企業に移転される「約束」のことである。基本原則により，ステップ5で履行権利が充足されると，費用が計上されることになる。その計上時にステップ2で識別する。

〔ステップ3〕取引価格の算定

　他企業が約束した財貨・用役(履行義務)を移転するときに，自企業が他企業に対価として支払う額を算定する。この取引価格の算定は，財貨・用役の対価

の金額を計算するステップにあたる。契約などで定められた固定金額のほか
に，次の4つの要素がある場合には，取引価格の算定にあたって考慮する。

（1）変動対価

　対価が契約の定めや取引慣行によって変動する場合。例えば，ボリューム・
ディスカウントがある，企業は，見込額を取引価格から減額することになる。

（2）現金以外の対価

　現金以外の対価を受領する場合。たとえば，現物支給がある場合には，支給
された物品の公正価値を算定し，取引価格を計算する。

（3）他企業に支払われる対価

　他企業への財貨・用役の移転に関わり，他企業に対価を支払う場合。例えば，
卸売業が小売顧客に対して支払う，補償は，取引価格から減額しなければなら
ないこともある。

（4）契約における重大な金融要素の存在 (時間価値)

　対価に金利が含まれている場合。例えば，回収が長期にわたる場合，長期回
収可能額と現金販売価格との差額は，割引現在価値計算をおこなう必要があ
る。ただし，支払いまで1年以内の取引のときには，割引計算しないことが認
められている。

　〔ステップ4〕履行権利への取引価格の配分

　ステップ3で算定した取引価格は，ステップ2で識別した履行権利に配分さ
れる。これにより，履行権利が充足された時点で計上される，費用の額が決定
される。取引価格の配分は，それぞれの独立仕入価格の比率に基づいておこな
う。独立仕入価格とは，財貨・用役を第三者の取引先として，自企業が他企業
から仕入れるときの価格をいう。

　IFRS 15から独立仕入価格を推論してみる。すなわち，独立仕入価格とは，
自企業が他企業から財貨・用役を仕入るときに，その財貨・用役の観察可能な
価格になる。これに対し，観察可能な独立仕入価格がないときには，独立仕入
価格を見積る必要がある。

〔ステップ5〕費用の認識

履行権利の支配移転パターンに合わせて，一定の期間または一時点のタイミングで費用を認識する。すなわち，ステップ2で識別した履行権利ごとに，財貨・用役に対する支配を他企業から獲得した時点で費用を認識する。支配の移転は，一時点で現れるときもあれば，一定期間に亘り現れるときもある。

最初に，履行権利が「一定の期間に亘って充足される」のか，「一時点で充足される」のかを判断する。前者の場合，進捗度に応じて一定の期間に亘って費用を認識する。後者の場合，財貨・用役の支配が他企業から自企業に移転したときに費用を認識する。

10-3.　費 用 の 定 義

"Conceptual Framework for Financial Reporting 2018"（以下，Frameworkと略し，『概念フレーム・ワーク』[2018] と訳する。）では，費用の定義を，資産の減少または負債の増加と捉える。すなわち，持分請求権がある保有者への分配に関連する持分を除き，それ以外の持分を減じさせるものである。

費用は，資産・負債アプローチに基づき定義されている。すなわち，フローとしての費用がストックとしての資産の減少もしくは負債の増加として捉えられている。このことから，包括利益の額は，資産・負債の認識・測定による結果に依拠することになる。なお，純利益の額は，収益・費用を認識・測定した結果に依存することになる。

10-4.　仕　　　入

International Accounting Standards（以下，IASと略し，国際会計基準と訳す。）2は，棚卸資産の会計処理を定めている。棚卸資産の取得時は，仕入れとなる。また，企業内に留まっている棚卸資産が販売されるときには，仕入価額が売上原価となる。なお，販売されずに企業内に棚卸しされているときには，棚卸資

産が繰越商品となる。

10-4-0. 仕 入 の 額

棚卸資産を仕入れるときに，その原価が仕入の額となる。仕入の額には，次のものが含まれる (IAS 2, para.10)。

（1）購入原価

棚卸資産の購入原価には，次の費用が含まれる (IAS 2, para.11)。

　① 購入代価

　② 輸入関税およびその他の税金 (税務当局から後で回収可能なものを除く)

　③ 製品，原材料，および役務の取得に直接起因する運送費，荷役費，その他の費用

（2）加工費

加工費には，次の費用が含まれまる (IAS 2, para.12)。

　① 直接労務費のような生産単位に直接関係する費用

　② 原材料から完成品にするために，加工する際に生じる固定および変動の製造間接費の規則的な配賦額

（3）棚卸資産がそのときの場所および状態に至るまでに発生した，その他の原価は，棚卸資産がそのときの場所および状態に至るまでに発生したものに限り，棚卸資産の原価に含めまる。

10-4-1. 棚卸資産の評価損

棚卸資産は，原価と正味実現可能価額とのいずれか低い金額により測定されなければならない (IAS 2, para.9)。

正味実現可能価額とは，「通常の事業の過程における予想売価から，完成までに要する見積原価および販売に要する見積費用を控除した額」のことである。企業が通常の事業過程における棚卸資産の売却により実現されることが，予測される正味の金額をいう (IAS 2, paras.6-7)。

なお，棚卸資産の全部または一部が陳腐化したときに，ないしはその販売価

格が下落したときに，棚卸資産の原価が回収できなくなることがある。また，完成に必要な見積原価または販売に要する見積費用が増えたときにも，棚卸資産を取得したときの原価が回収できなくなることがある。棚卸資産を，その原価から正味実現可能価額までの評価を減ずる（IAS 2, para.28）。

　ここで，（株）葛飾Taxi会社が（株）成田原油からLPガスを仕入れる取引例を使いながら，仕入の額を説明していく。（株）葛飾Taxi会社は，y_i年m_k月d_l日にLPガス$1\mathrm{km}^3$を150,000円で仕入れた。当初の販売価格は，$1\mathrm{m}^3$あたり180円を予測していた。y_i年度決算日には，LPガスの市場が低迷し，販売価格は，$1\mathrm{m}^3$あたり174円を予測し直した。また，販売量も$1\mathrm{km}^3$から$700\,\mathrm{m}^3$へと修正した（「図10-0」参照）。この販売価格と販売量から，正味実現売却価額は，次のとおり計算される。

　$700\,\mathrm{m}^3 \times 174$円 $= 121{,}800$円

　LPガスの仕入原価から正味実現売却価額までの評価減は，次のとおり計算される。

　$700\,\mathrm{m}^3 \times (180$円 $- 174$円$) = 4{,}200$円

図10−0　LPガスの流れ

y_i年m_k月$_l$日には，（株）成田原油からLPガス$1\mathrm{km}^3$を150,000円で仕入れた。
　　　　y_i年度決算日には，LPガス仕入価格が$1\mathrm{km}^3$あたり145,000円である。
　　　　　　y_{i+1}年m_k月d_l日には，$700\mathrm{km}^3$のLPガスを121,800円で販売した。
　　　　　　　　y_{i+1}年度決算日には，$300\mathrm{km}^3$のLPガスが売れ残った。

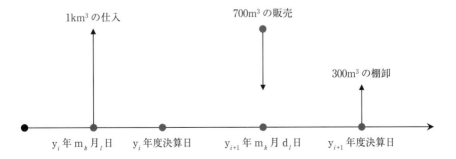

（株）葛飾 Taxi 会社は，y_i 年 m_k 月 d_l 日に $700\,\mathrm{m}^3$ の LP ガスを販売した。そして，y_{i+1} 年度決算日には，$300\,\mathrm{m}^3$ が残った（「図10-1」参照）。したがって，LP ガスの売上原価と繰延商品は次のとおりになる。

　　LP ガスの売上原価　$700\,\mathrm{m}^3 \times 150$ 円 $= 105{,}000$ 円

　　LP ガスの繰延商品　$300\,\mathrm{m}^3 \times 150$ 円 $= 45{,}000$ 円

図10−1　ガス原価の流れ

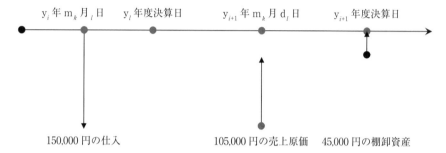

　なお，販売費および一般管理費は，仕入の額に含めることもできるし，独立した項目でも計上できる。

10-5. 金 融 費 用

　金融費用は，正常営業循環外の活動から生じる費用である。例えば，支払利息が挙げられる。本節では，借入コストして論じていく。

10-5-0. 借入コストの適用範囲

　金融機関からの借入による資金調達，社債の発行による資金調達など，企業は，負債として資金調達する。ところが，負債には，利息などの資金調達に伴う借入コストが憑いてくる。本節では，外部から資金調達に伴う借入コスト，すなわち，支払利息の会計処理について，IAS 23 の諸規定を取上げる。

　IAS 23では，借入コストの会計処理について次のとおり定めている。適格資産の取得，建設または生産に直接起因する，借入コストは，資産の取得原価の一部を構成する。その他の借入コストは，費用として認識される。すなわち，借入コストは，原則として，費用として認識される。ただし，適格資産の取得などに起因する借入コストについては，資産化を義務付けている。

10-5-1.　借入コストの定義

　借入コストとは，企業が資金を借入れることに関連し，発生する利息およびその他のコストをいう。適格資産とは，意図した使用または販売が可能となるまでに相当の期間を要する資産をいう。

　借入コストには，次の費用が含まれる。

(1)　IFRS 9『金融商品』に示されている実効金利法で計算した金利費用

(2)　IFRS 16『リース』の要求事項に従って認識されたリース負債に関する金利

(3)　外貨建借入金から発生する為替差損益で，金利コストに対する修正とみなされる部分状況に応じて，次のいずれも適格資産となり得る。

①　棚卸資産

②　製造工場

③　発電施設

④　無形資産

⑤　投資不動産

⑥　果実生成型植物

　金融資産および短期間で製造（あるいは他の方法で生産）される棚卸資産は，適格資産とはならない。また，取得時点において意図した使用または販売が可能な状態にある資産も，適格資産とはならない。

　ここでは，適格資産に係る借入コストのみを資産化することが求められている。このことから，適格資産とは何かということが論点となっている。かかる

規準においては，意図した使用または販売が可能となるまでに相当の期間を要する資産としている。繰り返し大量生産されるような棚卸資産は，販売までに相当な期間を要すことはないので，適格資産には該当しないことになる。一方，受注生産のような棚卸資産については，販売までに相当な期間を要することになるので，適格資産に該当する，と解される。さらには，製造工場，発電施設，無形資産，投資不動産は，企業が使用した，あるいは販売したいと計画していても，すぐに使用したり販売したりすることができない。したがって，適格資産に該当する可能性は高くなる，と解される。

上記適格資産の定義においては，「相当な期間」という表現が用いられている。この期間の長さについては，IAS 23では明示されていない。それゆえ，特定の事実および状況を検討したうえで判断することが望まれる。適格資産となりうるためには，かかる資産においては，意図した使用が可能となるまでに少なくとも6か月を超える期間が必要である。通常，12か月以上を必要とする，資産が該当するもの，と解される。

10-5-2. 借入コストの資産化

IAS 23の第17項から19項の規定においては，借入コストの資産化について具体的な要件が示されている。すなわち，(1)借入コストの資産化の開始日について，(2)適格資産の支出の具体的内容につて，(3)資産を計画とおりに使用または売却するために必要な諸活動について示されている。

(1)資産化の開始

企業は，適格資産の取得原価の一部としての借入コストの資産化を，開始日において開始しなければならない。資産化の開始日は，企業が次の条件のすべてを最初に満たした日である。

① 当該資産への支出が発生していること

② 借入コストが発生していること

③ 意図した使用または販売に向けて資産を整えるために必要な活動に着手していること。

　適格資産への支出には，現金の支払い，現金以外の資産の譲渡または有利子負債の引受けとなる支出だけが含まれる。支出額は，受取った中間金および当該資産に関連して受取った補助金（IAS 20『政府補助金の会計処理及び政府援助の開示』）の分だけ減額する。

(2) 資 産 化 の 中 断

　第20項および第21項においては，資産化の中断についての以下の規定が示されている。

　企業は，適格資産の活発な開発を中断している期間中は，借入コストの資産化を中断しなければならない。

　意図した使用または販売に向けて資産を準備するのに必要な活動を，企業が中断している期間中に，借入コストが発生する場合がある。こうしたコストは，部分的に完成した資産を保有するコストであり，資産化には適格ではない。しかし，相当の技術的作業および管理的作業をおこなっている期間中，企業は，通常，借入コストの資産化を停止しない。一時的な遅延が，資産の意図した使用または販売を可能にする過程の必要な一部である場合も，企業は，借入コストの資産化を停止しない。例えば，水位が高いために橋の建設が遅れているが，当該地域では建設期間中にそのような高い水位となることが一般的である場合には，その期間中も資産化は継続する。

(3) 資 産 化 の 終 了

　第22項から第25項までには，資産化の終了についての規定が示されている。企業は，意図した使用または販売に向けて適格資産を準備するのに必要な活動のほとんどすべてが完了した時点で，借入コストの資産化を終了しなければならない。

　たとえ日常的な管理的作業が継続中であっても，資産は，物理的建設が完了した時点で，意図した使用または販売の準備ができたことになるのが通常である。小規模の修正（購入者または使用者の仕様に合わせるための不動産の装飾など）だけ残っている場合，これは，ほとんどすべての活動が完了したことを示している。

　企業が適格資産の建設を部分的に完成し，他の部分の建設が継続している間

に各部分の使用が可能である場合には，企業は，当該部分を意図した使用または販売のために準備するのに必要な活動のほとんどすべてが完了した時点で，借入コストの資産化を終了しなければならない。

10-6. 日本への波及効果

　IASBは，資産・負債アプローチに基づき費用を認識している。これに対し，企業会計基準委員会（以下，Accounting Standards Board of Japanと訳し，ASBJと略す。）は，収益・費用アプローチに基づき費用を認識してきた。ところが，ASBJは，IASBおよびFinancial Accounting Standards Board（以下，FASBと略し，米国財務会計基準審議会と略す。）との包括的な収益認識基準の共同開発をおこない，2014年5月には，「顧客との契約から生じる収益」（IASBにおいてはIFRS第15号，FASBにおいてはTopic 606）を公表した（www.asb.or.jp［最終閲覧日：2020]）。そして，2018年3月には，企業会計基準第29号「収益認識に関する会計基準」を公表した。ここでは，収益・費用アプローチから資産・負債アプローチへと変換したかたちで，収益の認識モデルが示された。なお，「収益認識に関する会計基準」が公表されてから，早や2年が過ぎても，「費用認識に関する会計基準」は未だに公表されていない。

　そこで，本節では，収益・費用アプローチから資産・負債アプローチへと変換したかたちでの費用の認識モデルを論じてきた。

　日本では，費用は支出に基づき認識されてきた。支出の時期は，過去，現在，そして未来とに分けられていた。とりわけ，未来の支出に対しては，保守的な処理がなされてきた。すなわち，発生規準による費用の早期認識となる。これに対し，ISABでは，費用は契約に基づき認識される。契約の時期は，過去と現在しかない。過去に，財貨・用役が他企業から自企業に移転された後に，財貨・用役の価額が落ちる兆候がみえると，潜在的な費用として認識する。例えば，仕入価額の減額は，仕入時の市場価格に照らして客観的に認識できる。また，固定資産の減損損失は，市場の動向を注視し将来Cash Flowの見積額に照らし

て認識する。

演習問題 10.

　（株）大月株式会社は，10 年勤続して初めて退職給付の受給権が従業員に与えられるとの規定のもとに，退職一時金制度を運営してきた。本年度において，給与水準が改定されたので，各従業員について，以下の過去勤務債務が発生した。当社が当期において退職給付費用に計上しなければならない金額はいくらとなるのか，計算しなさい。

従業員	田中	加藤	志村	高木	仲本	森田
勤続年数	4 年	8 年	12 年	16 年	20 年	2 年
	200 円	400 円	600 円	800 円	1,000 円	100 円

10-7. Check Point

　以上，本章では，費用概念を論じてきた。財務諸表の利用者は，企業の財政状態と財務業績それぞれについての情報を必要としている。財務諸表の構成要素の定義は，資産・負債から始めるアプローチが採用されている。そして，費用概念は，資産・負債の変動として定義づけられている。しかし，費用によってもたらされる情報は，資産・負債によってもたらされる情報に等しく重要とされている。IASB は，利益観としては資産負債アプローチを採用している。しかし，財務情報としての重要性は，財務業績と財政状態についてのそれぞれの情報に等しく認められるものである。

　本章を学習した読者は，次のことができるようになる。

＊費用がどのように定義されるのか，理解できるようになる。

＊費用がどのように認識されるようになるのか，理解できるようになる。

引用文献

（ 1 ）　asb.or.jp › accounting_standards［最終閲覧日：2020］：「収益認識に関する会計基準 - 財務会計基準機構」。

（2） IASC［2003］: *IAS 2, Inventories*, International Accounting Standards Committee.

（3） IASC［2007］: *IAS 23, Borrowing Costs*, International Accounting Standards Committee.

（4） IASB［2018］: *IFRS 15, Revenue from Contracts with Customers*, International Accounting Standards Board.

第11章 収益会計

11-0. Focus

　収益に関する基準は，International Financial Reporting Standards（以下，IFRSと略し，国際財務報告基準と訳す。）15に規定されている。IFRS 15は，顧客との契約から生じる収益を会計処理する際の単一の包括的基準として位置付けられるものである。IFRS 15は，顧客との契約から生じる収益などにつき，財務報告書利用者が理解できるように情報を提供する目的で，全般的な開示規定に加え，具体的な開示規定も設けている。本章では，IFRS 15における収益認識モデルを中心に学習する。

　本章の学習ポイントは，次のとおりである。
＊資産・負債アプローチの考え方による収益認識の基本原則を理解できるようにする。
＊収益の認識モデル（5つのステップ）を理解できるようにする。
＊近年のポイント制度に関する会計処理の基本を理解できるようにする。
＊包括利益の概念と表示形式を理解できるようにする。

11-1. 収益会計基準の適用範囲

　IFRS 15は，一部の契約を除き，通常の営業活動から生じる収益について適用される。すなわち，通常の営業活動でない固定資産の売却取引により生じる収益については，適用範囲に含まれないこととなる。適用範囲に含まれない契

約は，次のとおりである（IFRS 15, para.5）。

(1) IAS 17『リース取引に関する会計基準』の範囲に含まれるリース契約

(2) IFRS 9『金融商品に関する会計基準』の範囲に含まれる金融商品に係る契約

(3) IFRS 10『連結財務諸表』，IFRS 11『共同契約（ジョイント・アレンジメント』，IAS 27『個別財務諸表』，およびIAS 28『関連会社およびジョイント・ベンチャーに対する投資』の適用範囲内の金融商品とその他の契約上の権利または義務

(4) 保険法における定義を満たす保険契約（IFRS 4）

(5) 顧客または潜在的な顧客への販売を容易にするためにおこなわれる同業他企業との非貨幣項目の交換取引

11-2. 収益会計基準の基本原則

IFRS 15による収益の基本原則は，「約束した財貨・用役の顧客への移転を当該財貨・用役と交換に，企業が，権利を得ると見込む対価の額で描写するように，収益を認識する。」ことである。財貨・用役の「顧客への支配の移転」をもって，収益を認識する点が重要である。例えば，契約の中で設備の販売と簡単な据付けをおこなう場合，販売と据付けのそれぞれについて，支配の移転を認識して収益を計上する。また，「企業が権利を得ると見込む対価の額」，すなわち，「取引価格」で収益を計上することも重要である。

この「顧客への支配の移転」による収益認識は，「資産・負債アプローチ」に基づくものである。「資産・負債アプローチ」は，資産・負債の定義ならびに計上要件を明確にすることで，収益・費用を資産・負債の増減として捉える考え方である。資産・負債アプローチによれば，収益認識は次のように説明できる。企業が顧客と契約を締結すると，顧客から対価を受取る権利を得る。一方，顧客に財貨・用役を移転する義務を負うことになる。契約の時点では，その権利と義務は同額である。両者に差額はない。しかし，企業が顧客に財貨・用役を

提供すると，移転義務が消滅する。そして，対価を受取る権利だけが残る。それに対応した，収益が計上されることになる。つまり，企業が財貨・用役を顧客に移転することにより，資産・負債の変動が生じて，収益が認識されることになる。

11-3. 収益の認識モデル

収益の基本原則の考え方の基盤は，いつ（認識）といくら（測定）である。つまり，IFRS 15の目的は，顧客との契約から生じる収益の金額，タイミング，収益の不確実性，およびキャッシュ・フローに関する有用な情報を財務諸表利用者に報告するための原則を確立することである。よって，この基本原則に従った収益を認識するため，以下の5つのステップを示している。

〔ステップ1〕顧客との契約を識別する。
〔ステップ2〕契約における履行義務を識別する。
〔ステップ3〕取引価格を算定する。
〔ステップ4〕契約における履行義務に取引価格を配分する。
〔ステップ5〕履行義務を充足したときにまたは充足するにつれて収益を認識する。

11-3-0. 各ステップの概要

〔ステップ1〕契約の識別
収益認識の対象となる次のすべての要件を満たす顧客との契約を識別する。

(1) 当事者が，書面，口頭，取引慣行などにより契約を承認し，それぞれの義務の履行を約束していること

(2) 移転される財貨・用役に関する各当事者の権利を識別できること

(3) 移転される財貨・用役の支払条件を識別できること

(4) 契約に経済的実質があること（すなわち，契約の結果として，企業の将来キャッシュ・フローのリスク，時期，または金額が変動すると見込まれること）

(5) 顧客に移転する財貨・用役と交換に，企業が権利を得ることとなる対価

の回収可能性が高いこと（当該対価を回収する可能性の評価にあたっては，対価の支払期限到来時における，顧客が支払う意思と能力を考慮する）

〔ステップ2〕履行義務の識別

　財貨・用役の支配移転パターン（計上タイミングのパターン）の単位を表すものとして，「履行義務」に注目し，この履行義務を特定化する。履行義務とは，顧客との契約に基づいて財貨・用役を顧客に移転する「約束」のことである。基本原則により，ステップ5で，履行義務が充足されると，収益が計上されることになる。その計上単位をステップ2で識別する。

〔ステップ3〕取引価格の算定

　企業が約束した財貨・用役（履行義務）と交換に，顧客から対価をいくら得ることができるのか（取引価格）を算定する。この取引価格の算定は，財貨・用役の対価の金額を計算するステップである。契約などで定められた固定金額のほかに，次の4つの要素がある場合には，取引価格の算定にあたって考慮する。

(1) 変動対価

　　対価が契約の定めや取引慣行によって変動する場合。例えば，ボリューム・ディスカウントがある企業は，見込額を取引単価から減額することになる。

(2) 現金以外の対価

　　現金以外の対価を受領する場合。例えば，現物支給がある場合には，支給された物品の公正価値を算定し，取引価格を計算する。

(3) 顧客に支払われる対価

　　顧客への財貨・用役の移転に関わらせて顧客に対価を支払う場合。例えば，卸売業が，小売顧客に対して支払う棚確保のための補償は，取引価格から減額しなければならない場合がある。

(4) 契約における重大な金融要素の存在（時間価値）

　　対価に金利が含まれている場合。例えば，回収が長期にわたる場合，現金販売価格との差額は，割引現在価値計算をおこなう必要がある。ただし，支払まで1年以内の取引では，割引計算しないことが認められている。

〔ステップ4〕履行義務への取引価格の配分

　ステップ3で算定した取引価格をステップ2で識別した履行義務に配分する。これにより，各履行義務が充足された時点で計上される収益の額が決定する。取引価格の配分は，それぞれの「独立販売価格」の比率に基づいておこなう。独立販売価格とは，財貨・用役を単独で，企業が顧客に販売する場合の価格をいう。

　IFRS 15では，独立販売価格の最良の証拠は，企業がその財貨・用役を同様の状況において独立に同様の顧客に販売する場合の，その財貨・用役の観察可能な価格である。また，契約価格や定価には，独立販売価格の可能性がある。観察可能な独立販売価格がない場合には，独立販売価格を見積る必要がある。見積り方法は，①調整後市場価格アプローチ，②予想コストにマージンを加算するアプローチ，③残余アプローチなどがある。

〔ステップ5〕収益の認識

　履行義務の支配移転パターンに合わせて，一定の期間または一時点のタイミングで収益を認識する。すなわち，ステップ2で識別した履行義務ごとに，財貨・用役に対する支配を，顧客が獲得した時点で収益を認識する。支配の移転は，一時点で生じる場合もあれば，一定期間に亘り生じる場合もある。

　最初に，履行義務が「一定の期間に亘って充足される」のか，「一時点で充足される」のかを判断する。前者の場合，工事進行基準のように，進捗度に応じて一定の期間に亘って収益を認識する。後者の場合，通常の物品売買のように，差異化・用役の支配が顧客へ移転したときに一時点で収益を認識する。

11-3-1. カスタマー・ロイヤルティ・プログラム（ポイント制度）

　カスタマー・ロイヤルティとは，「販売取引の一部として顧客が物品やサービスの購入に対するインセンティブとして付与する特典（特典クレジット）」のことを指す。近年，顧客の囲い込みを主な目的としてポイント制度を導入している企業は少なくない。ポイントの付与条件は，様々である。顧客による財貨・用役の購入を条件に，特典として無償または値引き価格で追加の財貨・用役を

購入できるオプション（ポイント）を顧客に付与するものは，別個の履行義務として会計処理する対象（ステップ2）となる。

　日本では，将来使用すると見込まれるポイントに対応する財貨・用役の提供コストを見積り，引当金として計上する方法が広くおこなわれている。しかしIFRS 15は，取引価格を複数の別個の履行義務に配分する際に，原則としてそれぞれの履行義務の基礎となる財貨・用役の契約開始時点の独立販売価格に基づくこととしている（ステップ4）。独立販売価格とは，企業が顧客に対し約束した，財貨・用役を別個に販売する場合の価格をいう。ポイントについて独立販売価格を直接観察できない場合には，当該価格を見積ることが求められる。この見積りに際しては，顧客が享受される値引きのうち，ポイントを使用しなかったとしても享受されるものを見積りから除外する。それに伴い，顧客が，ポイントを使用する可能性を考慮しなければならない。

　さらに，ポイント制度の普及に伴い，企業間の提携などによりポイントの付与とそれに基づく，特典の提供が，自社グループ内で完結しない場合がある。例えば，ある企業がポイントを付与するものの，顧客に対し特典を提供するのは，自社グループ外の企業（以下，第三者）の場合である。IFRS15では，企業による顧客への財貨・用役の提供に第三者が関与している場合，次のことを判断しなければならない（ステップ2）。

　1）自社の履行義務が，財貨・用役の提供（総額）であるのか。
　2）第三者がおこなう，財貨・用役の提供の手配（純額）であるのか。

11-4.　包括利益計算書

　包括利益計算書とは，包括利益およびその他の包括利益の内訳を表示した報告書である。一定期間において認識された取引および経済的事象（資本取引を除く）により生じた純資産の変動を報告する。それと共に，その他の包括利益の内訳項目を明瞭に開示するために作成される計算書である（「図11-0」参照）。この包括利益計算書により，財務報告書利用者が企業全体の事業活動を把握する

のに役立つとされている。

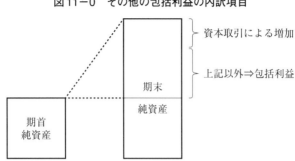

図11−0　その他の包括利益の内訳項目

11-4-0. 包 括 利 益

　包括利益とは，企業の特定期間の財務諸表において認識された純資産の変動額のうち，当該企業の純資産に対する持分所有者との直接的な取引（＝資本取引）によらない部分を指す。当該企業の純資産に対する持分所有者には，当該企業の株主のほか，当該企業の発行する新株予約権の所有者も含まれる。連結財務報告書においては，当該企業の子会社の非支配株主も含まれる。

11-4-1. その他の包括利益

　その他の包括利益とは，包括利益のうち当期純利益に含まれない部分をいう。連結財務諸表における，その他の包括利益には，親会社株主に係る部分と非支配株主に係る部分が含まれる。なお，内訳項目には，その他有価証券評価差額金，繰延ヘッジ損益，為替換算調整勘定や退職給付に係る調整額などがある。それぞれに対して，親会社株主に係る部分と非支配株主に係る部分が存在する（「図11-1」参照）。

図11−1　持分の区分

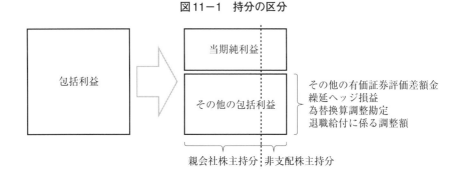

11-4-2.　包括利益計算書の形式

　包括利益計算書の形式には，1計算書方式と2計算書方式との2つの様式がある。1計算書方式とは，損益計算書と包括利益を1つの計算書でおこなう形式（「表11-0」参照）である。2計算書方式は，損益計算書と包括利益計算書を区別して表示する形式（次章参照）となっている。

表11−0　連結包括利益計算書

当期利益	1,800
その他の包括利益：	
純損益に振替えられる可能性のある項目	
純投資のヘッジに係る利得および損失	145
売却可能金融資産から生じた利得および損失	(10)
持分法によるその他の包括利益	(5)
純損益に振替えられる可能性のある税引後その他の包括利益	130
純損益に振替えられることのない項目	
確定給付制度の再測定	15
持分法によるその他の包括利益	5
純損益に振替えられることのない項目の税引後その他の包括利益	20
その他の包括利益計	150
当期包括利益合計	1,950
（帰属）	
親会社株主に係る包括利益	1,657
非支配株主に係る包括利益	293
合計	1,950

<1計算書方式>

11-5.　日本への波及効果

　日本においては，企業会計原則の損益計算書原則に，「売上高は，実現主義の原則に従い，商品等の販売又は役務の給付によって実現したものに限る。」とされているものの，収益認識に関する包括的な会計基準は存在しなかった。一方，International Accounting Standards Board（IASBと略し，国際会計基準審議会と訳す。）およびFinancial Accounting Standards Board（FASBと略し，米国財務会計基準審議会と訳す。）の共同による収益認識に関する包括的な会計基準の開発により公表されたIFRS 15を受け，日本でも包括的な収益認識基準の制定に着手した。国際基準における資産・負債アプローチの適用により，純利益から包括利益へと変換されたことが，「収益会計基準」の改正に繋がったものである。

　2018年3月に公表された会計基準企業会計基準第29号『収益認識に関する会計基準』および企業会計基準適用指針第30号『収益認識に関する会計基準の適用指針』（以下，これらを合わせて『新収益会計基準』という）は，日本における収益認識に関する包括的な基準である。原則，2021年4月1日以後開始する連結会計年度および事業年度の期首から適用とされている。既に2018年4月1日以後開始する連結会計年度および事業年度の期首から，早期適用が開始されている。

　新収益会計基準は，IFRS 15の基本的な原則が全面的に取入れられている。また，これまで日本でおこなわれてきた実務等に配慮すべき項目がある場合には，比較可能性を損なわせない範囲で「重要性等に関する代替的な取り扱い」をいくつか認めている。（この代替的な取扱いは，IFRSには個別規定はない。）JP-GAAPでは，収益認識について1982年最終改正の『企業会計原則』で実現主義によることが示されているほかは，『ソフトウェア取引実務対応報告』や『工事契約会計基準』といった，部分的な会計基準が制定されるに留まっている。ここでは，そのようなJP-GAAPとの比較を示す（「表11‐1」参照）。

表11－1　日本会計基準との主な比較

	IFRS15号	従来の日本基準
認識	企業が履行義務を充足したとき，つまり，顧客が当該資産に対する支配を獲得した時点で収益認識する。	収益認識は，実現主義の以下の2要件でおこなう。① 財貨の移転または役務の提供の完了 ② 現金または現金等価物（手形，売掛金等）の受領
測定	返金負債や変動対価という考え方を含めた，測定の定めがある。（5つのステップ中の，ステップ3：取引価格の算定）	収益測定に係る包括的な定めはない。製品保証やポイント制度についての個別の定めはない。
計上単位	契約の結合，分割について，すべての業種・取引の収益認識を対象として定めている。	複数の契約の結合や，単一の契約の分割といった，計上単位の包括的な規定は存在しない。「ソフトウェア取引実務対応報告」，「工事契約会計基準」のみである。
表示	すべての業種・取引で，本人・代理人の検討をおこなう。本人であれば総額表示，代理人であれば純額表示する。	収益の表示方法（総額表示と純額表示）は，ソフトウェア取引を除き，総額表示か純額表示かの判断基準は示されていない。（なお，「ソフトウェア取引実務対応報告」）は，リスクの負担の観点から判断する）
開示	定量的情報および定性的情報の開示規定がある。・収益の区分別開示（区分は，各企業の判断で決定），契約残高の開示。・定性的情報の開示の定めがある。（例えば，履行義務の充足時点）	収益認識の開示の定めは，ほとんどない。

　また，包括利益に関しては，前章での1計算書方式の他，認められている2計算書方式は損益計算書と包括利益計算書を区別して表示する形式（「表11・2」参照）を採っている。包括利益は，貸借対照表における期首純資産と期末純資産の差額で計算され，企業における期間利益として把握が可能である。しかし，期間利益が計算されるだけでは，どのような原因で当期純利益を獲得したのかは明らかにはならない。損益計算書部分にて経営活動のプロセス別に表示され

ることで，経営者の経営管理，株主などの出資者への配当金の支払いのための配当可能利益の計算など，経営活動を継続するためには，欠かすことのできない期間業績情報として有用である。

表11-2　連結損益計算書

売上高	×××
⋮	
税引前当期純利益	×××
法人税等	×××
当期純利益	1,800
(内訳)	
親会社株主に帰属する当期純利益	1,530
非支配株主に帰属する当期純利益	270
当期純利益	1,800

連結包括利益計算書

当期純利益	1,800
その他の包括利益：	
純損益に振替えられる可能性のある項目	
純投資のヘッジに係る利得および損失	145
売却可能金融資産から生じた利得および損失	(10)
持分法によるその他の包括利益	(5)
純損益に振替えられる可能性のある税引後その他の包括利益	130
純損益に振替えられることのない項目	
確定給付制度の再測定	15
持分法によるその他の包括利益	5
純損益に振替えられることのない項目の税引後その他の包括利益	20
税引後その他の包括利益	150
当期包括利益合計	1,950
(帰属)	
親会社株主に係る包括利益	1,657
非支配株主に係る包括利益	293
	1,950

<2計算書方式>

演習問題11.

次の取引を仕訳しなさい。

㈱駒込の社員には、1月分タクシー料金600,000円をクレジット・カードで売上げた。

料金は、ポイント・カードを使い月末締め翌月末払いとなる。還元率は1 % である。
なお、ポイントが行使される割合は80%と見積もられる。

11-6. Check Point

　以上，本章においては，IFRS15に規定する5つのステップによる収益の認識
モデルをカスタマー・ロイヤルティ・プログラム（ポイント制度）を例として論
じてきた。また，資産・負債アプローチによる，期間における純資産の変動額
のうち，当該企業の純資産に対する持分所有者との直接的な取引（＝資本取引）
によらない部分を指す包括利益の概念および報告書様式を学習した。さらに，
IFRS 15の日本への影響として，IFRS 15を全面的に取入れた収益認識の包括
的な基準が制定されたことを学んだ。

　本書で学習した読者は，次のことができるようになる。

＊　資産・負債アプローチによる収益の考え方が理解できるようになる。

＊　顧客との契約による収益の認識モデル（5つのステップ）が理解できるように
　　なる。

＊　包括利益計算書の内容を理解し，財務諸表様式が作成できるようになる。

第Ⅴ編　決算の機能

　本編では，財務諸表項目の数値を正しいものとするための決算について取扱う。学習の目標は，次のとおりである。

(1) 代表的な決算整理事項について理解すること。

　決算とは，主に期間帰属あるいは評価の視点から財務諸表項目の数値を正しいものとするためにおこなう手続きである。具体的には，減価償却費の計上や費用収益の見越・繰延計上，資産の評価などが挙げられる。

(2) 設例に基づき，仕訳帳への記帳と総勘定元帳への転記をおこない，簿記一巡の手続を確認するとともに，総勘定元帳を締めることができるようになること。

　日本の会計基準においても，国際会計基準においても，取引を帳簿に記入するプロセスについては，概ね同じである。第13章では，期中取引→決算手続→IFRSを意識した財務諸表の表示までを簡略化された設例を解答することにより，理解することができる。

(3) 残高試算表を作成し，試算表を作成する意味を理解すること。

　決算整理前残高試算表を作成する意味は，帳簿を締める前の勘定残高を集計し，貸借が一致することをもって，仕訳と勘定科目への転記が正しくおこなわれたかを確認することにある。

(4) 精算表を作成することで，期首残高からの簿記一巡の手続を鳥瞰するとともに，決算整理後残高試算表を分離して，財政状態計算書（貸借対照表）と財務業績計算書（損益計算書）を作成すること。

　精算表の作成により，期首残高→期中取引→決算整理前残高試算表→決算仕訳→決算整理後残高試算表→財政状態計算書（貸借対照表）と財務業績計算書（損

益計算書）のドラフトの作成までの，一連のプロセスが一つの表にまとめられることになる。再度，期中取引および決算整理手続における記帳内容の確認と，各勘定項目につき，正しい残高が計上されているかの確認をおこなうことが容易になる。

(5) 財政状態計算書（貸借対照表）と財務業績計算書（損益計算書）から，間接法によるキャッシュ・フロー計算書の作成方法を学ぶこと。

　キャッシュ・フロー計算書は，精算表を用いて，財政状態計算書（貸借対照表）の勘定残高の期首と期末の数値の差額から，当期純利益に当該差額とキャッシュ・フローを伴わない取引を加減算してゆくという方法で作成する。このキャッシュ・フロー計算書の作成を，簡便な設例に基づいて解答することにより理解できる。

第12章　決算整理事項

12-0. Focus

　決算書の作成は，期中に発生した取引を集計することによりおこなわれるため，取引を網羅的に記録することが重要である。しかし，網羅的に勘定記録をおこなった場合でも，それをもって，ただちに企業の財政状態と業績の実態を反映した決算書を作成できるとは限らない。なぜならば，期末現在において，帳簿に記録されている資産が実在していないかもしれないし，資産の価値が低下しているかもしれないからである。

　そのため，期末時点においては，資産が実在しているか，または，その評価が妥当であるか，ならびに，負債が網羅的に記録されているか，調べなければならない。そのうえで，帳簿上の残高と現物および事実関係とを突合せて，その差異を修正する決算特有の手続き（決算整理）が必要となる。いいかえると，企業の財政状態と業績の実態を反映した決算書を作成するためには，期中の取引を記録するだけではなく，期末時点で資産・負債を検証し直す決算整理という手続きが必要になるのである。

　具体的には，資産・負債については，現金・受取手形・有形固定資産・有価証券などの現物実査，棚卸資産の実地棚卸，売掛金・買掛金などの残高確認などの手続きにより，実際有高を調査する。その調査結果に基づいて，勘定記録を修正する。また，収益・費用については，当期に帰属する発生高を調査する。その調査結果に基づいて，勘定記録を修正する。

　本章の学習ポイントは，次のとおりである。なお，International Financial

Reporting Standards（以下，IFRSと略し，国際財務報告基準と訳す。）ベースで直接記帳することを前提に記述する。

* 商品の期末棚卸高の確定と棚卸減耗費や商品評価減の計上
* 引当金の計上
* 有価証券の評価額の確定と有価証券評価損の計上
* 固定資産の減価償却費の計上
* 損益（費用・収益）の見越し・繰延べ
* 未払税金と繰延税金資産・負債の計上
* 固定資産やのれんの減損損失の計上
* 各種資産・負債の評価替えなど

12-1. 売上原価の算定

　商品売買の記帳方法には，3分法，分記法，総記法などがある。本章では，一般的に広く用いられている3分法を取上げることとする。

12-1-0. 3分法

　3分法は，商品売買の記帳にあたり，仕入・売上高・繰越商品の3勘定を用いる記帳方法である。具体的には，期中において，商品を仕入れたときには商品購入額で仕入勘定の借方に，販売したときには商品販売額で売上高勘定の貸方で記録する。また，繰越商品勘定の借方には，期首時点において，期首商品棚卸高（前期末商品棚卸高）が記録される。しかし，決算整理前において，繰越商品勘定では期首商品棚卸高，仕入勘定では当期商品仕入高，売上高勘定では当期商品売上高が記録されているに過ぎない。そのため，売上原価や売上総利益の金額を把握することができない。

　つまり，実地棚卸などの手続きにより期末商品棚卸高を調査する。これをもとに，決算整理において売上原価を計算する必要がある。

12-1-1.　3分法による決算整理

　3分法では，仕入勘定において，売上原価の計算をおこなう。決算整理前の時点において，仕入勘定には，期中において仕入れた商品の総額（当期商品仕入高）が記帳されているに過ぎない。そのため，期首商品棚卸高を加算するとともに，期末商品棚卸高を減算することにより，差額で売上原価を計算する。具体的には，次のような手順で勘定記録をおこなう（「図12」参照）。

（1）　期首商品棚卸高について，繰越商品勘定の貸方から仕入勘定の借方に振替える。これにより，仕入勘定の借方合計は210,000円（＝170,000円＋40,000円）となる。

（2）　期末商品棚卸高について，仕入勘定の貸方から控除するとともに，繰越商品勘定の借方に加算する。これにより，仕入勘定は155,000円（＝210,000円－55,000円）となり，売上原価が計算される。また，繰越商品勘定は55,000円（＝40,000円－40,000円＋55,000円）となり，期末商品棚卸高が記帳される。

　このように，仕入勘定では，期首商品棚卸高＋当期商品仕入高－期末商品棚卸高＝売上原価の計算がおこなわれる。

図12　3分法による売上原価の算定

（単位：千円）

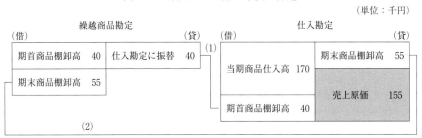

12-2.　引 当 金 の 計 算

　引当金の計上条件は，次のとおりである（IAS 37, para.14）。

(1) 企業が，過去の事象の結果として，現在の債務（法的または推定的）を有している。

(2) 当該債務を決済するために，経済的便益を有する，資源の流出が必要となる可能性が高い。

(3) 当該債務の金額について，信頼性のある見積りができる場合に，認識することができる，時期または金額が不確実な負債である。

　企業は，事前に引当金として認識すべき事象の有無を調査し，決算整理において，一定の仮定の下に将来に流出する経済的便益を有する資源の金額を見積り，引当金を計上する。本章では，引当金のうち，製品保証引当金について説明する。

　企業は，販売した製品等に欠陥が生じた場合に，顧客との間で製品等の交換または修理等に無償で応じるなどの契約を締結していることがある。製品保証引当金は，当該契約の将来の履行に伴う支出のうち，期末日現在の支出見込額を合理的に見積って計上するものである。IFRS 15, para.B28によれば，製品保証は，製品が合意された仕様に従っていることにより，各当事者が意図したとおりに機能するという保証を，顧客に提供するものを含むとされる。このうち，顧客が製品保証を独立で購入するオプションを有していない場合（例えば，製品保証について独立して価格が設定されていない，または独立して交渉されない場合など）には，製品保証引当金を計上する（IFRS 15, para.B30）。決算整理において，この支出見込額を製品保証引当金として財政状態計算書に表示するとともに，製品保証引当金繰入額として当期の費用に計上する。

12-3.　有価証券の評価

　有価証券を含む金融資産は，金融資産の管理に関する企業の事業モデルおよび契約上のキャッシュ・フローの特性の両方に基づいて，次の3つに分類される（IFRS 9, para.4.2.1）。

(1) 事後に償却原価で測定するもの
(2) その他の包括利益を通じて公正価値で測定するもの
(3) 純損益を通じて公正価値で測定するもの

　有価証券のうち，市場で売買を目的として保有する上場株式やそれ以外の目的で保有する上場株式については，株価が日々変動しているため，帳簿価額と公正価値との間に，差異が生ずることが想定される。したがって，決算整理において，これらの有価証券の帳簿価額を期末時点の公正価値に評価替えする必要がある。また，帳簿価額と公正価値との評価差額については，上記 (3) に分類される有価証券は純損益として財務業績計算書に，上記 (2) に分類される有価証券は税効果会計を適用した上で，財政状態計算書のその他の包括利益に表示される (IFRS 9, para.5.2.1)。

12-4. 減価償却費の計算

　減価償却は，資産の償却可能額 (資産の取得原価から残存価額を控除した額) を規則的にその耐用年数に亘って配分することである (IAS 16, para.6)。建物，機械装置，工具器具備品等の有形固定資産は，その使用や時の経過により，価値が減少していく。ただし，期末時点において価値の減少の事実と金額を正確に把握して，勘定記録をすることは困難である。

　したがって，決算整理において，有形固定資産の将来の経済的便益を，企業が消費すると予想されるパターンを仮定する。すなわち，減価償却方法・残存価額・耐用年数を合理的に見積り，有形固定資産の帳簿価額を減少させるとともに，減少額を減価償却費として当期の費用に計上する。なお，見積要素である減価償却方法・残存価額・耐用年数は，少なくとも決算期ごとに再検討をおこなう。予想が以前の見積りと異なる場合には，それを反映するよう変更しなければならない (IAS 16, paras.51.61)。

12-5. 損益の見越し・繰延べ

　期中において，収益および費用は，現金収支の事実に基づいて勘定記録される。しかし，収益および費用の定義に照らして，現金収支があっても，当期の収益・費用とすべきでないものも含まれている。また，現金収支がなくとも，当期の収益・費用とすべきものもある。

　そのため，決算整理において，当期の損益の発生高を調査し，その調査結果に基づいて期中の勘定記録を修正する必要がある。具体的には，利息・保険料・家賃などの損益項目について，時間の経過や役務提供期間を調査する。すでに現金収支はなされたが，当期の損益計算から除外して時期に繰越す（繰延べ）手続きをおこなう。まだ現金収支はなされていないが，当期の損益計算に含める（見越し）手続きをおこなう。

12-6. 法人所得税・税効果の計算

12-6-0. 法人所得税の計算

　企業の法人税等の計算は，確定した決算に基づいておこなわれる。これを確定決算主義という。この考え方の下では，課税当局が定めたルールに従って，会計上の利益から税務上の課税所得を計算し，この課税所得に対して納付すべき（還付される）法人税等の金額を計算する。実務上は，一連の決算整理事項を反映させた後の税引前当期純利益をベースに納付すべき（還付される）法人税等を計算する。未払（未収）法人税等は，流動負債（資産）の部に表示する。

12-6-1. 税効果の計算

　上述のとおり，会計上の利益と税務上の課税所得には差異がある。そのため，会計上の資産・負債の額と課税所得計算上の資産・負債の額には差異がある。これを一時差異という。一時差異は，将来に解消されると見込まれる決算期の

課税所得を減額または増額する効果を有する。結果として，差異が解消される決算期の法人税等の金額を，減額または増額する効果を有することがある。この効果を，決算書に反映させる手続きを税効果会計という。

　税効果会計では，一時差異に一定の税率を乗じて計算された繰延税金資産・繰延税金負債を財政状態計算書に計上することで，その効果が反映される。IAS 12, para.24によれば，繰延税金資産は，将来減算一時差異（将来の課税所得を減額する効果を有する一時差異）を利用できる課税所得が生じる可能性が高い範囲内で，すべての将来減算一時差異について認識することとなる。実務上は，法人税申告書の別表五（一）などを利用して一時差異を集計する。そして，将来の課税所得見積額と比較をした上で，一時差異が解消される決算期の見積税率を乗じて，繰延税金資産を計上する。

12-7.　固定資産・のれんの減損

　資産は，それを使用または売却することにより，その投資額を回収する。IAS 36, para.59によれば，資産の回収可能価額（使用により得られる将来キャッシュ・フローの現在価値または売却により得られる公正価値）が帳簿価額を下回った場合には，投資の成果を適切に把握する必要がある。そのため，資産の帳簿価額を回収可能価額まで減額するとともに，帳簿価額と回収可能価額との差額を減損損失として認識する。

12-7-0.　固定資産の減損

　期末時点において，固定資産が遊休状態になっているなど，減損の兆候がある場合には，次の価値を見積もる。
（1）固定資産を継続使用した場合に得られる将来キャッシュ・フローの現在価値
（2）固定資産を売却した場合に得られる公正価値

いずれか高い方の価値を回収可能価額として，帳簿価額と比較をおこなう。ここで回収可能価額が下回る場合には，固定資産の帳簿価額を回収可能価額まで減額する。それとともに，その差額を減損損失として当期の損失に計上する。

12-7-1. のれんの減損

のれんは，企業が事業等を買収したときの買収価格と企業が受入れた事業等の純資産額との差額のことである。このとおり，企業結合で認識されるのれんは，事業等の買収で取得した個別に識別されず独立して認識されない他の資産から生じる将来の経済的便益を表す資産である（IAS 36, para.81）。IAS 36, para.96によれば，のれんの減損テストは，少なくとも年に1回，および，のれんを含んだ資産グループに減損の兆候がある場合に，実施する必要がある。

12-8. 決算整理と精算表

決算整理は，「12-0.」のとおり，資産・負債について実際有高を調査し，収益・費用について当期に帰属する発生高を調査する。その調査結果に基づいて，勘定記録を修正することによりおこなわれる。

決算整理は，精算表（決算手続きの一覧表）を作成しておこなわれる。精算表は，表の左から，残高試算表，決算整理，財務業績計算書・財政状態計算書で構成される。残高試算表の金額に決算整理の金額を加減算して，財務業績計算書・財政状態計算書を作成する。

12-9. JP-GAAPとの比較

「12-1.」から「12-7.」に関連して，決算整理におけるIFRSとJapan Generally Accepted Accounting Principles（以下，JP-GAAPと略す。）と主要な違いは，次のとおりである（「表12」参照）。

表 12　決算整理における IFRS と JP-GAAP の比較

	IFRS	JP-GAAP
製品保証引当金	（見積額の認識） 顧客が製品保証を独立で購入するオプションを有している場合（例えば，製品保証が独立に価格設定されるか，または交渉される場合）には，別個の履行義務として会計処理する。一方，オプションを有していない場合には，引当金として会計処理する（IFRS 15, paras. B29. 30）。	（見積額の認識） 交換や修理などの製品保証に係る将来の費用を見積り，製品保証引当金を計上する（企業会計原則注 18）。
有価証券	（分類） 金融資産については，当初認識時の分類に基づいて，償却原価で測定するもの，公正価値で測定し差額をその他包括利益とするもの，公正価値で測定し差額を純損益とするものなどに分類される（IFRS 9, para. 4. 1. 1）。	（分類） 保有目的に応じて，売買目的有価証券（時価，評価差額は損益），満期保有目的の債券（償却原価），子会社株式および関連会社株式，その他有価証券（時価，評価差額は純資産の部）に分類される（金融商品に関する会計基準第 15 項〜 18 項）。
減価償却	（見直し） 減価償却方法，残存価額，耐用年数については，少なくとも年に 1 回見直す（IAS 16, paras. 51. 61）。	（見直し） 耐用年数について，経済的使用可能予測期間とのかい離が明らかになったときは，変更する（減価償却に関する当面の監査上の取扱い第 14 項）。
税効果	（繰延税金資産の回収可能性） 企業分類や判断指針はない。	（繰延税金資産の回収可能性） 企業の収益力に基づく 5 つの企業分類に基づいて判断する（繰延税金資産の回収可能性に関する適用指針第 15 項〜 32 項）。
のれん	（償却） 償却は実施しない （IAS 38, para. 107）。 （見直し） 少なくとも年に 1 回および減損の兆候がある場合に見直す（IAS 36, para. 96）。	（償却） 原則として 20 年以内に償却する（企業結合に関する会計基準第 32 項）。 （見直し） 減損の兆候がある場合に見直す（固定資産の減損に係る会計基準二 8）。

200

演習問題 12-0.

下記の勘定から，3分法の場合の決算整理仕訳を示しなさい。期末商品棚卸高は 65,000 円である。

繰越商品勘定

（借）		（貸）
前期繰越	55,000	

仕入勘定

（借）		（貸）
仕入高	239,000	

演習問題 12-1.

その他有価証券の帳簿価額は 130,000 円であり，期末時点の時価は 182,000 円である。法人税率は 25% である。m_{12} 月 d_E 日における決算整理仕訳をおこないなさい。

演習問題 12-2.

m_7 月 d_1 日に取得した備品（取得原価 750,000 円）を定額法で減価償却し，間接法により m_{12} 月 d_E 日における決算整理仕訳をおこないなさい。また，当期首に取得した構築物（取得原価 1,167,924 円）を定額法で減価償却し，間接法により m_{12} 月 d_E 日における決算整理仕訳をおこないなさい。なお，備品については，耐用年数 9 年，残存価額は取得原価の 10%，構築物については，耐用年数は 3 年，残存価額はゼロ，減価償却費は月割計算とする。

演習問題 12-3.

当期に販売した商品の交換や修理にかかる費用について，製品保証引当金を設定する。製品保証引当金の金額を売上高の 1.5% として，m_{12} 月 d_E 日における決算整理をおこないなさい。なお，当期の売上高は 695,000 円である。

演習問題 12-4.

期中に 13 か月分の火災保険料 390,000 円を支払っており，このうち 1 か月分が未経過となっている。m_{12} 月 d_E 日における決算整理をおこない，「費用の繰延べ」を仕訳しなさい。なお，保険料は月割計算とする。

演習問題 12-5.

当期首の借入金残高 1,600,000 円のうち 900,000 円を期中に返済するとともに，800,000 円を新たに借り入れた。借入利率は 0.4% である。期末の借入金残高に対して，

1 か月分が未払いとなっている。m_{12} 月 d_E 日における決算整理をおこない，「費用の見越し」を仕訳しなさい。なお，利息は月割計算とする。

演習問題 12-6.

当期の納付すべき法人税等は 350,000 円であり，m_{12} 月 d_{31} 日現在において未払いである。また，将来減算一時差異の金額は 600,000 円であり，この一時差異が解消されると見込まれる期の見積税率は 25% である。繰延税金資産の回収可能性に問題はない。m_{12} 月 d_E 日における決算整理仕訳をおこないなさい。

演習問題 12-7.

大塚自動車整備㈱から買収した移動体事業にかかるのれんの残高は 720,000 円である。移動体事業から得られる回収可能額を調査したところ 708,000 円であったため，のれんを減損することを決定した。m_{12} 月 d_E 日における決算整理仕訳をおこないなさい。

演習問題 12-8.

外貨売掛金の残高は，60,000 円（500 ユーロ，取引日レート €1 ＝ ¥120）である。決算日レートによる換算替えをおこない，m_{12} 月 d_E 日における決算整理仕訳をおこないなさい。なお，決算日レートは €1 ＝ ¥125 である。

演習問題 12-9.

次の決算整理事項により 8 桁精算表を完成させなさい。なお，y_i 年度の会計期間は m_1 月 d_1 日から m_{12} 月 d_{31} 日までの 1 年間とする。費用に関しては，見越しと繰延べをおこなう。

(1) 商品の期末残高は 65,000 円である。売上原価は「仕入」の行で計算すること。

(2) ㈱葛飾 Taxi 会社は，高田販売店との間で，高田販売店が売上げたコイン・ケースに欠陥があったときには，㈱葛飾 Taxi 会社が無料で交換や修理をおこなう契約を結んでいる。コイン・ケースの交換や修理にかかる費用について，製品保証引当金を設定する。製品保証引当金の金額は，売上高の 1.5% とする。

(3) その他有価証券として所有している以下の株式について，評価替えをおこなう。なお，当社は 130 株保有しており，法人税率は 25% とする。

　　　銘柄　　　　　取得原価　　　期末時価
　　　㈱日暮里株式　＠1,000 円　　＠1,400 円

(4) 備品に関して，間接法により減価償却をおこなう。m_7 月 d_1 日に取得した備品の取得原価は 750,000 円である。残存価額は取得原価の 10%，耐用年数は 9 年，定額法（月割計算）により計算する。

(5) 構築物に関して，間接法により減価償却をおこなう。当期首に取得した構築物の取得原価は 1,167,924 円である。残存価額はゼロ，耐用年数は 3 年，定額法（月割計算）により計算する。

(6) 火災保険料 390,000 円のうち，30,000 円が未経過である。

(7) 支払利息 47,000 円のほかに，500 円が未払いである。

(8) 当年度の法人税の未払いは 350,000 円である。

(9) 期末の将来減算一時差異の金額は 600,000 円であり，この一時差異が解消されると見込まれる期の見積税率は 25% である。繰延税金資産の回収可能性に問題はない。

(10) のれんの残高は移動体事業にかかるものである。移動体事業から得られる回収可能額を調査したところ 708,000 円であったため，のれんを減損することを決定した。

(11) 売掛金のうち，フランスの L 社に商品（コイン・ケース）500 ユーロを掛で販売したときの 60,000 円（取引日レート €1 = ¥120）が未決済である。決算日レートは €1 = ¥125 であるため，決算日レートによる換算替えをおこなう。

12-10. Check Point

企業の財政状態・業績を適切に表現するためには，日々の経営活動を勘定記録するだけでは不十分である。決算において，現物や事実関係を調査し，それと突き合わせることによって，初めて企業の経済的実態を反映した財政状態計算書や財務業績計算書を作成することができる。特に，IFRS では，将来キャッシュ・フローの予測情報が重視されるため，近年の決算整理では，引当金の計上，固定資産の減損，棚卸資産の評価，税効果の計算など，企業が将来の予測をおこなって金額を見積る項目の重要性が増してきている，といわれている。

本章を学習した読者は，次のことができるようになる。

＊ 決算整理仕訳を起票できるようになる。

＊ 精算表を作成し財務諸表を作成できるようになる。

第13章 財務諸表作成までの一巡

13-0. 設例の前提

本章では，㈱葛飾Taxiという会社を想定して，取引記録から財務諸表作成までの流れを以下の設例をもって説明する。

図13-1. 葛飾Taxi会社との取引関係

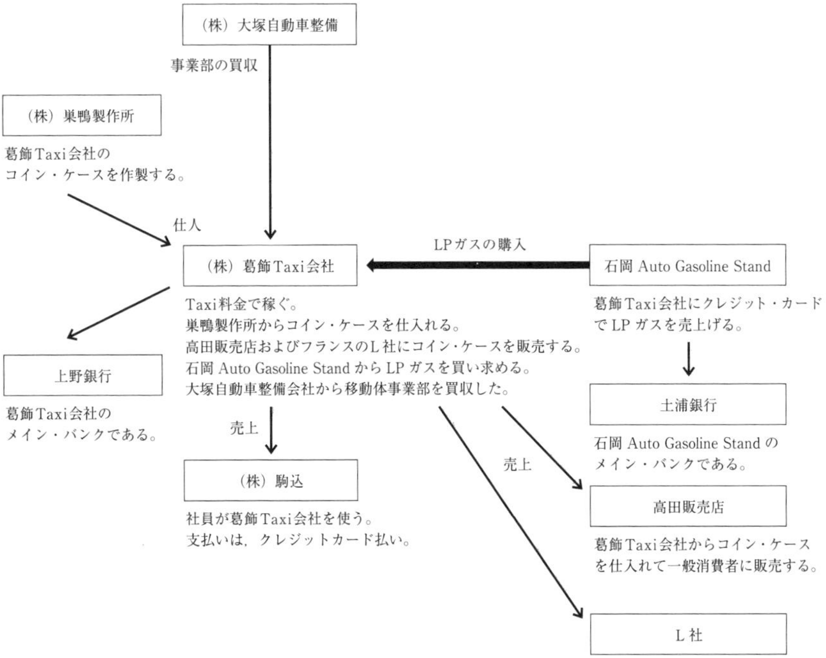

(株) 大塚自動車整備

事業部の買収

(株) 巣鴨製作所

葛飾Taxi会社の
コイン・ケースを作製する。

仕入

(株) 葛飾Taxi会社

Taxi料金で稼ぐ。
巣鴨製作所からコイン・ケースを仕入れる。
高田販売店およびフランスのL社にコイン・ケースを販売する。
石岡 Auto Gasoline Stand から LP ガスを買い求める。
大塚自動車整備会社から移動体事業部を買収した。

LPガスの購入

石岡 Auto Gasoline Stand

葛飾Taxi会社にクレジット・カード
で LP ガスを売上げる。

上野銀行

葛飾Taxi会社の
メイン・バンクである。

売上

(株) 駒込

社員が葛飾Taxi会社を使う。
支払いは，クレジットカード払い。

土浦銀行

石岡 Auto Gasoline Stand の
メイン・バンクである。

高田販売店

葛飾Taxi会社からコイン・ケース
を仕入れて一般消費者に販売する。

売上

L 社

13-1. 設問と資料

　㈱葛飾Taxi会社は，y_i年度の会計期間をm_1月d_1日からm_{12}月d_{31}日までの1年間とする。その間の取引は次のとおりである。取引から財務諸表を作成するまでの手続きとして，仕訳帳を作成し，総勘定元帳に転記し，精算表を作成する。その上で，財務諸表（財政状態計算書，財務業績報告書，包括利益計算書，持分変動計算書，およびキャッシュ・フロー計算書）を作成する。なお，商品取引は，3分法で処理するものとする。

資料①：期中の取引

y_i年m_{12}月d_1日　㈱葛飾Taxi会社のドライバーは，石岡Auto Gazoline StandからLPガス300,000円を購入した。なお，購入代金は，月末締め翌月末払いとする。

　　　　d_2日　㈱日暮里の株式（200株@¥1,000）を，その他有価証券として保有する目的で買入れた。附随費用を含めて代金200,000円は，小切手を振出して支払われる。

　　　　d_3日　㈱田端から備品一式750,000円を買い求めて，小切手を振出して支払った。

　　　　d_4日　㈱駒込の社員には，タクシー料金1か月分600,000円をクレジット・カードで売上げた。料金は，ポイント・カードを使い月末締め翌月末払いとなる。還元率は1％である。なお，ポイントが行使される割合は，80％と見積もられる。

　　　　d_5日　㈱巣鴨製作所から商品（コイン・ケース）を32,000円で仕入れ，代金は掛とした。なお，料金は，月末締め翌月末払いとした。

　　　　d_6日　㈱大塚火災保険への火災保険料2か月分60,000円を現金で支払った。

　　　　d_7日　上野銀行から800,000円借入れ，当座預金に入金する。

　　　　d_8日　㈱巣鴨製作所に，買掛金20,000円を現金で支払った。

　　　　d_9日　㈱高田販売店に，商品35,000円を掛で売上げた。代金は，月

末締め翌月末払いとする。

d$_{10}$日　上野銀行において，借入金返済額として200,000円，利息として12,000円が，当座預金から引落とされる。

d$_{11}$日　クレジットカード会社より，前月計上分の売掛金875,000円が，当座預金に入金した。

d$_{12}$日　㈱高田販売店より，前月計上分の売掛金15,000円が，当座預金に入金した。

d$_{13}$日　タクシー運転手である従業員に給料700,000円を現金で支払う。

d$_{14}$日　代々木不動産㈱から受取家賃3か月分30,000円を現金で受取った。

d$_{15}$日　役員報酬として200,000円を当座預金から支払う。

d$_{16}$日　投資有価証券（㈱日暮里の株式）70株（@1,000円）70,000円を100,000円で売却し，30,000円の売却益を得た。

資料②：決算整理事項

(1) 商品の期末残高　65,000円

(2) ㈱葛飾Taxi会社は，高田販売店との間で，高田販売店が売上げたコイン・ケースに欠陥があったときには，㈱葛飾Taxi会社が無料で交換や修理をおこなう契約を結んでいる。コイン・ケースの交換や修理にかかる費用について，製品保証引当金を設定する。製品保証引当金の金額は，売上高の1.5%とする。

(3) その他有価証券の期末評価は次のとおりである。

銘柄	取得原価	期末時価
㈱日暮里株式	@1,000円	@1,400円

※期末保有株数は，130株である。法人税率は25%とする。

(4) 備品減価償却費37,500円は間接法で処理する。

(5) 構築物減価償却費389,308円は間接法で処理する。

(6) 火災保険料1か月分30,000円が未経過である。

(7) 未払利息500円を計上する。

(8) 法人税の未払い350,000円を計上する。

(9) 税効果会計の適用として，繰延税金資産150,000円を計上する。

(10) のれんの減損損失12,000円を計上する。

(11) 売掛金には，フランスのL社に商品（コイン・ケース）500ユーロを掛で売り渡したときの60,000円（取引日レート€1＝¥120）があり，未決済のまま決算日を迎えた。決算日レートは，€1＝¥125であるため，決算日レートによる換算替えをおこなう。

13-2. 解 答 と 解 説

13-2-0. 期 中 取 引

財務諸表の作成は，期中取引の記帳から始まる。取引を仕訳帳に記帳し，元帳に転記をおこなう。

13-2-1. 決 算 整 理 仕 訳

決算整理とは，財務諸表項目の金額を適正なものにするためにおこなわれるものである。具体的には，減価償却費の計上や費用収益の見越・繰延計上，資産の評価，引当金の計上などが挙げられる。期中取引と決算整理仕訳については，設例の解答にて確認されたい。

仕　訳　帳

仕丁 1

日 付		摘　　　要	元丁	借　方	貸　方
m_{12}	d_1	営業費用	42	300,000	
		買 掛 金	21		300,000
		石岡 Auto Gasoline Stand より LP ガスを購入する。			
m_{12}	d_2	投資有価証券	11	200,000	
		当 座 預 金	2		200,000
		㈱日暮里の株式を買う。			
m_{12}	d_3	備　　　品	7	750,000	
		当 座 預 金	2		750,000
		㈱田端から備品を買う。			
m_{12}	d_4	クレジット売掛金　　　　（諸　　口）	4	600,000	
		契 約 負 債	25		4,762
		営 業 収 益	40		595,238
		㈱駒込に1か月分タクシー料金を売上げる。			
m_{12}	d_5	仕　　　入	43	32,000	
		買 掛 金	21		32,000
		㈱巣鴨製作所から商品を仕入れる。			
m_{12}	d_6	火 災 保 険 料	46	60,000	
		現　　　金	1		60,000
		大塚火災保険会社（株）に保険料を支払う。			
m_{12}	d_7	当 座 預 金	2	800,000	
		借 入 金	22		800,000
		上野銀行から借入れる。			
m_{12}	d_8	買 掛 金	21	20,000	
		現　　　金	1		20,000
		㈱巣鴨製作所に買掛金を支払う。			
m_{12}	d_9	売 掛 金	3	35,000	
		売　　　上	41		35,000
		㈱高田販売店に商品を売上げる。			
m_{12}	d_{10}	（諸　　口）　　　　当 座 預 金	2		212,000
		借 入 金	22	200,000	
		支 払 利 息	47	12,000	
		上野銀行に借入金・支払利息を支払う。			
m_{12}	d_{11}	当 座 預 金	2	875,000	
		クレジット売掛金	4		875,000
		クレジットカード会社から前月分が入金した。			
m_{12}	d_{12}	当 座 預 金	2	15,000	
		売 掛 金	3		15,000
		㈱高田販売店より前月分が入金した。			
		次ページ繰越		3,899,000	3,899,000

仕 訳 帳

日 付		摘　　　要	元丁	借 方	貸 方
		前ページ繰越		3,899,000	3,899,000
m₁₂	d₁₃	営 業 費 用	42	700,000	
		当 座 預 金	2		700,000
		従業員（タクシー運転手）に給料を支払う。			
	d₁₄	現　　　金	1	30,000	
		受 取 家 賃	44		30,000
		代々不動産（株）から家賃を受取る。			
	d₁₅	役 員 報 酬	45	200,000	
		当 座 預 金	2		200,000
		役員報酬を支払う。			
	d₁₆	当 座 預 金　　　　（諸　　　口）	2	100,000	
		投資有価証券	11		70,000
		投資有価証券売却益	50		30,000
		投資有価証券を売却する。			
	d₃₁	本 日 決 算			
		繰 越 商 品	5	65,000	
		仕　　　入	43		65,000
		期末棚卸高を繰越商品勘定へ振替える。			
	〃	仕　　　入	43	55,000	
		繰 越 商 品	5		55,000
		期首棚卸高を振替える。			
	〃	製品保証引当金繰入	53	10,425	
		製品保証引当金	24		10,425
		製品保証引当金を設定する。			
	〃	投資有価証券　　　　（諸　　　口）	11	52,000	
		有価証券評価差額金	30		39,000
		繰延税金負債	26		13,000
		その他有価証券を期末評価する。			
	〃	備品減価償却費	48	37,500	
		備品減価償却累計額	10		37,500
		備品の減価償却費を計上する。			
	〃	構築物減価償却費	54	389,308	
		構築物減価償却累計額	13		389,308
		構築物の減価償却費を計上する			
	〃	前払火災保険料	6	30,000	
		火 災 保 険 料	46		30,000
		火災保険料の未経過分を振替える。			1,669,733
	〃	支 払 利 息	47	500	
		未 払 利 息	27		500
		借入金利息経過分を計上する。			
		次ページ繰越		5,568,733	5,568,733

仕　訳　帳

仕丁　3

日　付		摘　　要	元丁	借　方	貸　方
		前ページ繰越		5,568,733	5,568,733
m_{12}	d_{31}	法人税, 住民税及び事業税	51	350,000	
		未払法人税等	23		350,000
		法人税等を計上する。			
	〃	繰延税金資産	8	150,000	
		法人税等調整額	52		150,000
		繰延税金資産を計上する。			
	〃	減 損 損 失	49	12,000	
		の れ ん	9		12,000
		のれんの減損損失を計上する。			
	〃	外 貨 売 掛 金	4	2,500	
		為 替 差 益	55		2,500
		為替換算差額を計上する。			
	〃	（諸　　　口）　損　　　益	60		12,812,738
		営 業 収 益	40	11,795,238	
		売　　　上	41	695,000	
		受 取 家 賃	44	140,000	
		投資有価証券売却益	50	30,000	
		為 替 差 益	55	2,500	
		法人税等調整額	52	150,000	
		収益勘定を損益勘定へ振替える。			
	〃	損　　　益　　（諸　　　口）	60	12,526,033	
		営 業 費 用	42		8,690,300
		仕　　　入	43		229,000
		役 員 報 酬	45		2,400,000
		火 災 保 険 料	46		360,000
		支 払 利 息	47		47,500
		製品保証引当金繰入額	53		10,425
		備品減価償却費	48		37,500
		構築物減価償却費	54		389,308
		減 損 損 失	49		12,000
		法人税, 住民税及び事業税	51		350,000
		費用勘定を損益勘定へ振替える。			
	〃	損　　　益	60	286,705	
		繰越利益剰余金	31		286,705
		当期純利益を繰越利益剰余金勘定へ振替える。			
				31,708,709	31,708,709

元　　帳

現　金　　　　　　　　　　　　　　　　1

m₁₂	d₁	前月繰越	120,000	m₁₂	d₇	火災保険料	60,000
m₁₂	d₁₄	受取家賃	30,000	m₁₂	d₈	買掛金	20,000
				m₁₂	d₃₁	次期繰越	70,000
			150,000				150,000

当座預金　　　　　　　　　　　　　　2

m₁₂	d₁	前月繰越	1,275,000	m₁₂	d₂	投資有価証券	200,000
m₁₂	d₇	借入金	800,000	m₁₂	d₃	備　品	750,000
m₁₂	d₁₁	クレジット売掛金	875,000	m₁₂	d₁₀	諸　口	212,000
m₁₂	d₁₂	売掛金	15,000	m₁₂	d₁₃	営業費用	700,000
m₁₂	d₁₆	諸口	100,000	m₁₂	d₁₅	役員報酬	200,000
				m₁₂	d₃₁	次期繰越	1,003,000
			3,065,000				3,065,000

売掛金　　　　　　　　　　　　　　　3

m₁₂	d₁	前月繰越	15,000	m₁₂	d₁₂	当座預金	15,000
m₁₂	d₉	売上	35,000	m₁₂	d₃₁	次期繰越	35,000
			50,000				50,000

クレジット売掛金　　　　　　　　　　4

m₁₂	d₁	前月繰越	875,000	m₁₂	d₁₁	当座預金	875,000
m₁₂	d₄	諸口	600,000	m₁₂	d₃₁	次期繰越	600,000
			1,475,000				1,475,000

繰越商品　　　　　　　　　　　　　　5

m₁₂	d₁	前月繰越	55,000	m₁₂	d₃₁	仕　入	55,000
m₁₂	d₃₁	仕入	65,000	m₁₂	d₃₁	次期繰越	65,000
			120,000				120,000

前払火災保険料　　　　　　　　　　　6

m₁₂	d₃₁	火災保険料	30,000	m₁₂	d₃₁	次期繰越	30,000

備　品　　　　　　　　　　　　　　　7

m₁₂	d₃	当座預金	750,000	m₁₂	d₃₁	次期繰越	750,000

繰延税金資産　8

m₁₂	d₃₁	法人税等調整額	150,000	m₁₂	d₃₁	次期繰越	150,000

のれん　9

m₁₂	d₁	前月繰越	720,000	m₁₂	d₃₁	減損損失	12,000
				m₁₂	d₃₁	次期繰越	708,000
			720,000				720,000

備品減価償却累計額　10

m₁₂	d₃₁	次期繰越	37,500	m₁₂	d₃₁	備品減価償却費	37,500

投資有価証券　11

m₁₂	d₂	当座預金	200,000	m₁₂	d₁₆	諸口	70,000
m₁₂	d₃₁	諸口	52,000	m₁₂	d₃₁	次期繰越	182,000
			252,000				252,000

構築物　12

m₁₂	d₁	前月繰越	1,167,924	m₁₂	d₃₁	次期繰越	1,167,924

構築物減価償却累計額　13

m₁₂	d₃₁	次期繰越	389,308	m₁₂	d₃₁	構築物減価償却費	389,308

外貨売掛金　14

m₁₂	d₁₀	前月繰越	60,000	m₁₂	d₃₁	次期繰越	62,500
m₁₂	d₃₁	為替差益	2,500				
			62,500				62,500

買掛金　21

m₁₂	d₈	現金	20,000	m₁₂	d₁	前月繰越	30,000
m₁₂	d₃₁	次期繰越	342,000	m₁₂	d₁	営業費用	300,000
				m₁₂	d₅	仕　入	32,000
			362,000				362,000

借入金　22

m₁₂	d₁	当座預金	200,000	m₁₂	d₁	前月繰越	900,000
m₁₂	d₃₁	次期繰越	1,500,000	m₁₂	d₇	当座預金	800,000
			1,700,000				1,700,000

未払法人税等　　　　　　　　　　　　　　　23

m_{12}	d_{31}	次期繰越	350,000	m_{12}	d_{31}	法人税,住民税及び事業税	350,000

製品保証引当金　　　　　　　　　　　　　24

m_{12}	d_{31}	次期繰越	20,765	m_{12}	d_1	前月繰越	10,340
				m_{12}	d_{31}	製品保証引当金繰入	10,425
			20,765				20,765

契約負債　　　　　　　　　　　　　　　　25

m_{12}	d_{31}	次期繰越	4,762	m_{12}	d_{31}	諸口	4,762

繰延税金負債　　　　　　　　　　　　　　26

m_{12}	d_{31}	次期繰越	13,000	m_{12}	d_{31}	諸口	13,000

未払利息　　　　　　　　　　　　　　　　27

m_{12}	d_{31}	次期繰越	500	m_{12}	d_{31}	支払利息	500

資本金　　　　　　　　　　　　　　　　　28

m_{12}	d_{31}	次期繰越	600,000	m_{12}	d_1	前月繰越	600,000

資本準備金　　　　　　　　　　　　　　　29

m_{12}	d_{31}	次期繰越	40,000	m_{12}	d_1	前月繰越	40,000

有価証券評価差額金　　　　　　　　　　　30

m_{12}	d_{31}	次期繰越	39,000	m_{12}	d_{31}	諸口	39,000

繰越利益剰余金　　　　　　　　　　　　　31

m_{12}	d_{31}	次期繰越	1,486,589	m_{12}	d_1	前月繰越	1,199,884
				m_{12}	d_{31}	損益	286,705
			1,486,589				1,486,589

営業収益　　　　　　　　　　　　　　　　40

m_{12}	d_{31}	損益	11,795,238	m_{12}	d_1	前月繰越	11,200,000
				m_{12}	d_4	諸口	595,238
			11,795,238				11,795,238

売　上　　　　　　　　　　　　41

m₁₂	d₃₁	損益	695,000	m₁₂	d₁	前月繰越	660,000
				m₁₂	d₉	売掛金	35,000
			695,000				695,000

営業費用　　　　　　　　　　42

m₁₂	d₁	前月繰越	7,690,300	m₁₂	d₃₁	損益	8,690,300
m₁₂	d₁	買掛金	300,000				
m₁₂	d₁₃	当座預金	700,000				
			8,690,300				8,690,300

仕　入　　　　　　　　　　　43

m₁₂	d₁	前月繰越	207,000	m₁₂	d₃₁	繰越商品	65,000
m₁₂	d₅	買掛金	32,000	m₁₂	d₃₁	損益	229,000
m₁₂	d₃₁	当座預金	55,000				
			294,000				294,000

受取家賃　　　　　　　　　　44

m₁₂	d₃₁	損益	140,000	m₁₂	d₁	前月繰越	110,000
				m₁₂	d₁₄	現金	30,000
			140,000				140,000

役員報酬　　　　　　　　　　45

m₁₂	d₁	前月繰越	2,200,000	m₁₂	d₃₁	損益	2,400,000
m₁₂	d₁₅	当座預金	200,000				
			2,400,000				2,400,000

火災保険料　　　　　　　　　46

m₁₂	d₁	前月繰越	330,000	m₁₂	d₃₁	前払火災保険料	30,000
m₁₂	d₆	現金	60,000	m₁₂	d₃₁	損益	360,000
			390,000				390,000

支払利息　　　　　　　　　　47

m₁₂	d₁	前月繰越	35,000	m₁₂	d₃₁	損益	47,500
m₁₂	d₁₀	当座預金	12,000				
m₁₂	d₁₃	未払利息	500				
			47,500				47,500

214

備品減価償却費   48

m₁₂	d₃₁	減価償却累計額	37,500	m₁₂	d₃₁	損益	37,500

減損損失   49

m₁₂	d₃₁	のれん	12,000	m₁₂	d₃₁	損益	12,000

投資有価証券売却益   50

m₁₂	d₃₁	損益	30,000	m₁₂	d₁₆	諸口	30,000

法人税, 住民税及び事業税   51

m₁₂	d₃₁	未払法人税等	350,000	m₁₂	d₁₆	損益	350,000

法人税等調整額   52

m₁₂	d₃₁	損益	150,000	m₁₂	d₃₁	繰延税金資産	150,000

製品保証引当金繰入   53

m₁₂	d₃₁	製品保証引当金	10,425	m₁₂	d₃₁	損益	10,425

構築物減価償却費   54

m₁₂	d₃₁	減価償却累計額	389,308	m₁₂	d₃₁	損益	389,308

為替差益   55

m₁₂	d₃₁	損益	2,500	m₁₂	d₃₁	外貨売掛金	2,500

損 益   60

m₁₂	d₃₁	営業費用	8,690,300	m₁₂	d₃₁	営業収益	11,795,238
m₁₂	d₃₁	仕入	229,000	m₁₂	d₃₁	売上	695,000
m₁₂	d₃₁	役員報酬	2,400,000	m₁₂	d₃₁	受取家賃	140,000
m₁₂	d₃₁	火災保険料	360,000	m₁₂	d₃₁	投資有価証券売却益	30,000
m₁₂	d₃₁	支払利息	47,500	m₁₂	d₃₁	法人税等調整額	150,000
m₁₂	d₃₁	備品減価償却費	37,500	m₁₂	d₃₁	為替差益	2,500
m₁₂	d₃₁	構築物減価償却費	389,308				
m₁₂	d₃₁	減損損失	12,000				
m₁₂	d₃₁	製品保証引当金繰入	10,425				
m₁₂	d₃₁	法人税,住民税及び事業税	350,000				
m₁₂	d₃₁	繰越利益剰余金	286,705				
			12,812,738				12,812,738

13-2-2. 試算表（決算整理前残高試算表）

試算表は，勘定残高を勘定科目別，借方・貸方別に集計した表である。帳簿残高が正しいか否かを確認するために作成される。各勘定の数値を集計し，貸借の合計金額が一致していることをもって，仕訳および転記がおおむね正しくおこなわれているという，心証が得られる。貸借が一致していない場合には，記帳あるいは転記にミスがあるということがある。そこで，決算整理仕訳をおこなう前に，決算整理前残高試算表を作成し，期中取引に係る仕訳と転記が正確になされていることを確認する。

13-2-3. 精算表（決算整理後残高試算表）

決算整理前残高試算表の作成ののち，仕訳帳および総勘定元帳といった帳簿を締める前に，精算表上で決算整理仕訳を記載し，決算整理後残高試算表を作成する。決算整理後残高試算表を，精算表上で2つに分けることで，財政状態計算書と財務業績計算書の基礎を作成することができる。よって，決算整理後残高試算表の作成は，正しい財務諸表を効率的に作成するという観点からは，有意義な手続となる。

精算表とは，決算整理前残高試算表から決算整理仕訳を記入して，決算整理後残高試算表を作成し，それから財政状態計算書と財務業績計算書を作成する。そういった，一連のプロセスを一覧表にしたものである。設例の解答として用意された精算表は，期首残高から始まっているので，決算整理前残高試算表から始まる通常の8桁精算表とは異なる。このようなものも精算表とされる。

精算表
y_i 年 m_{12} 月 d_{31} 日

勘定科目	期首残高 借方	期首残高 貸方	M₁₁月末まで 借方	M₁₁月末まで 貸方	残高試算表(M₁₁まで) 借方	残高試算表(M₁₁まで) 貸方	期中取引(M₁₂月) 借方	期中取引(M₁₂月) 貸方
現金	305,000		712,000	897,000	120,000		30,000	80,000
当座預金	1,020,300		11,525,000	11,270,300	1,275,000		1,790,000	2,062,000
売掛金	17,000		600,000	602,000	15,000		35,000	15,000
外貨売掛金			60,000		60,000			
クレジット売掛金	500,000		11,200,000	10,825,000	875,000		600,000	875,000
繰越商品	55,000				55,000			
構築物	1,167,924				1,167,924			
構築物減価償却累計額								
備品							750,000	
備品減価償却累計額								
のれん	720,000				720,000			
買掛金		20,000	197,000	207,000		30,000	20,000	332,000
借入金		1,600,000	700,000			900,000	200,000	800,000
未払法人税等		315,000	315,000			0		
製品保証引当金		10,340				10,340		
契約負債		0				0		4,762
資本金		600,000				600,000		
資本準備金		40,000				40,000		
繰越利益剰余金		1,199,884				1,199,884		
営業収益				11,200,000		11,200,000		595,238
売上高				660,000		660,000		35,000
受取家賃				110,000		110,000		30,000
投資有価証券							200,000	70,000
仕入			207,000		207,000		32,000	
営業費用			7,690,300		7,690,300		1,000,000	
役員報酬			2,200,000		2,200,000		200,000	
有価証券売却益								30,000
火災保険料			330,000		330,000		60,000	
支払利息			35,000		35,000		12,000	
	3,785,224	3,785,224	35,771,300	35,771,300	14,750,224	14,750,224		
前払火災保険料								
繰延税金資産								
備品減価償却費								
構築物減価償却費								
製品保証引当金繰入								
減損損失								
為替差益								
未払利息								
繰延税金負債								
有価証券評価差額金								
法人税, 住民税及び事業税								
法人税等調整額								
当期純利益								
							4,929,000	4,929,000

216

決算整理前試算表 借方	決算整理前試算表 貸方	整理記入 借方	整理記入 貸方	決算整理後試算表 借方	決算整理後試算表 貸方	財務業績計算書 借方	財務業績計算書 貸方	財政状態計算書 借方	財政状態計算書 貸方
70,000				70,000				70,000	
1,003,000				1,003,000				1,003,000	
35,000				35,000				35,000	
60,000		2,500		62,500				62,500	
600,000				600,000				600,000	
55,000		65,000	55,000	65,000				65,000	
1,167,924				1,167,924				1,167,924	
			389,308		389,308				389,308
750,000				750,000				750,000	
			37,500		37,500				37,500
720,000			12,000	708,000				708,000	
	342,000				342,000				342,000
	1,500,000				1,500,000				1,500,000
	0		350,000		350,000				350,000
	10,340		10,425		20,765				20,765
	4,762				4,762				4,762
	600,000				600,000				600,000
	40,000				40,000				40,000
	1,199,884				1,199,884				1,199,884
	11,795,238				11,795,238		11,795,238		
	695,000				695,000		695,000		
	140,000				140,000		140,000		
130,000		52,000		182,000				182,000	
239,000		55,000	65,000	229,000		229,000			
8,690,300				8,690,300		8,690,300			
2,400,000				2,400,000		2,400,000			
	30,000				30,000		30,000		
390,000			30,000	360,000		360,000			
47,000		500		47,500		47,500			
		30,000		30,000				30,000	
		150,000		150,000				150,000	
		37,500		37,500		37,500			
		389,308		389,308		389,308			
		10,425		10,425		10,425			
		12,000		12,000		12,000			
			2,500		2,500		2,500		
			500		500				500
			13,000		13,000				13,000
			39,000		39,000				39,000
		350,000		350,000		350,000			
			150,000		150,000		150,000		
						286,705			286,705
16,357,224	16,357,224	1,154,233	1,154,233	17,349,457	17,349,457	12,812,738	12,812,738	4,823,424	4,823,424

13-2-4. 財政状態計算書および財務業績計算書

13-2-4.で作成した精算表から，財政状態計算書および財務業績計算書を作成する。精算表においても，一応，決算整理後残高試算表から財政状態計算書および財務業績計算書の作成ができる。ただし，有価証券報告書に記載するものとしては，適切な表示科目に組替える必要がある。

（1）財政状態計算書

【財政状態計算書】

		前会計年度末	当会計年度末
資産			
流動資産			
現金及び現金同等物		1,325,300	1,073,000
営業債権及びその他の債権		517,000	697,500
たな卸資産		55,000	65,000
その他の流動資産			30,000
	流動資産合計	1,897,300	1,865,500
非流動資産			
その他の投資			182,000
有形固定資産		1,167,924	1,491,116
無形資産及びのれん		720,000	708,000
繰延税金資産		0	150,000
	非流動資産合計	1,887,924	2,531,116
	資産合計	3,785,224	4,396,616
負債及び資本			
負債			
流動負債			
借入金		1,600,000	1,500,000
営業債務及びその他の債務		20,000	342,000
未払法人所得税		315,000	350,000
引当金		10,340	20,765
繰延税金負債		0	13,000
繰延収益		0	4,762
その他流動負債		0	500
	流動負債合計	1,945,340	2,231,027
	負債合計	1,945,340	2,231,027

資本			
	資本金	600,000	600,000
	資本準備金	40,000	40,000
	利益剰余金	1,199,884	1,486,589
	その他の包括利益	0	39,000
	資本合計	1,839,884	2,165,589
	負債及び資本合計	3,785,224	4,396,616

（2）財務業績計算書

財務業績計算書	当会計年度
収益	12,630,238
原価	▲ 8,919,300
売上総利益	3,710,938
販売費および一般管理費	▲ 3,197,233
のれん減損損失	▲ 12,000
有価証券損益	30,000
金融収益	2,500
金融費用	▲ 47,500
税引前利益	486,705
法人所得税費用	▲ 200,000
当期純利益	286,705

13-2-5. 包括利益計算書

　International Financial Reporting Standards（以下，IFRSと略し，国際財務報告基準と訳す。）では，包括利益計算書の作成が求められる。包括利益計算書とは，当期純利益とその他の包括利益を合計した利益をいう。その他の包括利益とは，設例では当期純利益と有価証券評価差額の純増額との合計ということになる。

包括利益計算書

当期純利益	286,705
その他の包括利益	
純利益にその後振り替えられる可能性のある項目	
売却可能金融資産の公正価値の変動	39,000
その他の包括利益合計	39,000
当期包括利益合計	325,705

13-2-6. 持分変動計算書

　持分変動計算書は，Japan Generally Accepted Accounting Principles（以下，JP-GAAPと略し，日本基準と訳す。）によれば，株主資本等変動計算書のことである。内容は，資本の期首から期末までの増減を一覧した表である。作成上の留意事項として，持分変動計算書に表示される各項目の前期末残高および当期末残高は，前期および当期の財政状態計算書の資本の部における各項目の残高と整合していることが必要である。

持分変動計算書

	資本金	資本準備金	利益剰余金	その他資本の構成要素 売却可能金融資産の公正価値変動	合計	資本合計
期首残高	600,000	40,000	1,199,884	0	0	1,839,884
当期利益			286,705	0	0	286,705
その他包括利益				39,000	39,000	39,000
当期包括利益	–	–	286,705	39,000	39,000	325,705
所有者との取引額	0	0	0	0	0	0
期末残高	600,000	40,000	1,486,589	39,000	39,000	2,165,589

13-2-7. キャッシュ・フロー計算書

（1）キャッシュ・フロー計算書の作成プロセス

　キャッシュ・フロー計算書の作成は，以下のような精算表を用いると，効率的に作成できる。

	期首	期末	増減	CF へ振替				合計
				増減振替	税金関係振替	財務関係	投資関係	
現金及び現金同等物	1,325,300	1,073,000	(252,300)	252,300				0
営業債権及びその他の債権	517,000	697,500	180,500	(180,500)				0
たな卸資産	55,000	65,000	10,000	(10,000)				0
その他の流動資産	0	30,000	30,000	(30,000)				0
その他の投資	0	182,000	182,000				(182,000)	0
有形固定資産	1,167,924	1,491,116	323,192				(323,192)	0
無形資産及びのれん	720,000	708,000	(12,000)	12,000				0
繰延税金資産	0	150,000	150,000		(150,000)			0
借入金	(1,600,000)	(1,500,000)	100,000			(100,000)		0
営業債務及びその他の債務	(20,000)	(342,000)	(322,000)	322,000				0
未払法人所得税	(315,000)	(350,000)	(35,000)		35,000			0
引当金	(10,340)	(20,765)	(10,425)	10,425				0
繰延税金負債	0	(13,000)	(13,000)				13,000	0
繰延収益	0	(4,762)	(4,762)	4,762				0
その他流動負債	0	(500)	(500)	500				0
資本金	(600,000)	(600,000)	0					0
資本準備金	(40,000)	(40,000)	0					0
利益剰余金	(1,199,884)	(1,486,589)	(286,705)	286,705				0
その他の包括利益	0	(39,000)	(39,000)				39,000	0
合計	0	0	0					

	増減振替	税金振替	財務関係	投資関係	合計
キャッシュ・フロー計算書					
営業キャッシュ・フロー					
当期純利益	(286,705)				(286,705)
減価償却費				(426,808)	(426,808)
引当金の増減	(10,425)				(10,425)
減損損失	(12,000)				(12,000)
為替差益	2,500				2,500
営業債権増減	178,000				178,000
投資有価証券売却益				30,000	30,000
たな卸資産増減	10,000				10,000
その他流動資産増減	30,000				30,000
法人所得税費用		(200,000)			(200,000)
営業債務及びその他の債務	(322,000)				(322,000)
その他流動負債増減	(500)				(500)
繰延収益増減	(4,762)				(4,762)
法人所得税への支払額		315,000			315,000
投資キャッシュ・フロー					
投資有価証券購入				200,000	200,000
投資有価証券売却				(100,000)	(100,000)
有形固定資産購入				750,000	750,000
財務キャッシュ・フロー					
借入			(800,000)		(800,000)
返済			900,000		900,000
期首残高	(1,325,300)	0			(1,325,300)
期末残高	1,073,000				1,073,000
	(0)	0	0	0	0

　精算表を用いたキャッシュ・フロー計算書の作成手順としては，2期比較の財政状態計算書から差額をとり，その差額をキャッシュ・フロー計算書に振替をおこなうというものである。財政状態計算書の差額がすべて0となるようにキャッシュ・フロー計算書に振替えていく。有形固定資産や借入金の増減差額は，投資キャッシュ・フローないし財務キャッシュ・フローとなる項目を含んでいる。その部分については，増加額および減少額の総額を把握する。

　つぎに，精算表から，有価証券報告書に記載するフォームのキャッシュ・フロー計算書を作成する。

キャッシュ・フロー計算書

	当会計年度末
営業活動によるキャッシュ・フロー	
当期純利益	286,705
営業活動によるキャッシュ・フローへの調整	
減価償却費	426,808
引当金の増減	10,425
減損損失	12,000
為替差益	△ 2,500
営業債権増減	△ 178,000
投資有価証券売却益	△ 30,000
たな卸資産増減	△ 10,000
その他流動資産増減	△ 30,000
法人所得税費用	200,000
営業債務及びその他の債務	322,000
その他流動負債増減	500
繰延収益増減	4,762
法人所得税への支払額	△ 315,000
営業活動によるキャッシュ・フロー	697,700
投資活動によるキャッシュ・フロー	
有形固定資産の取得による支出	△ 750,000
その他の投資の取得による移出	△ 200,000
その他の投資の売却による収入	100,000
投資活動によるキャッシュ・フロー	△ 850,000
財務活動によるキャッシュ・フロー	
借入債務による調達	800,000
借入債務の返済	△ 900,000
財務活動によるキャッシュ・フロー	△ 100,000
現金及び現金同等物の純増減額	△ 252,300
現金及び現金同等物の期首残高	1,325,300
現金及び現金等価物の期末残高	1,073,000

終章　本書の到達点と解釈

14-0. Focus

　International Financial Reporting Standards（以下，IFRSと略し，国際財務報告基準と訳す。）を初めて適用する際の初度適用の考え方は，IFRS1において学ぶ。IFRS 3『企業結合』は，企業がM&Aなどによって他企業を取得する際に用いる会計基準である。IFRS 3では，取得や公正価値がキーワードに，会計処理が構築される。IFRS10『連結財務諸表』は，企業集団の財務諸表を作成表示するために用いられる。基礎となる経済的単一体説や，支配の考え方を学ぶ。

　本章の学習のポイントは，次のとおりである

＊初度適用では，3つの財政状態計算書，2つの財務業績計算書，2つのキャッシュ・フロー計算書，および2つの持分変動計算書が必要である。

＊企業結合では，取得の概念が鍵となり，公正価値評価と結びつく。

＊連結財務諸表では，親会社説と経済的単一体説を整理し，そこから会計処理を理解する。特に支配の捉え方が，Japan Generally Accepted Accounting Principles（以下，JP-GAAPと略し，日本基準と訳す。）とは大きく異なることになった。

14-1. 国際財務報告基準の初年適用

　本基準書（IFRS1：First-time Adoption of International Financial Reporting Standards）は，従来は，他の会計基準で財務諸表を作成していた企業が最初のIFRSを準拠した財務諸表を作成する際に適用される。最初のIFRS財務諸表とは，企業

226

がIFRSをIFRSへの準拠に関する明示的かつ無限定の記述により採用する，最初の財務諸表である。

その目的は，次のような高品質の情報を含むようにすることである。

(1) 利用者にとって透明で，表示されている全期間にわたって比較可能である。

(2) IFRSに準拠した会計処理のための適切な出発点を提供する。

(3) 利用者にとっての便益を超えないコストで作成できる。

図14　最初のIFRS財務諸表

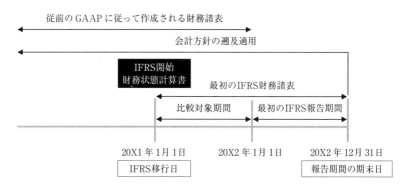

(出典) 新日本 [2009] 947頁

IFRS 1の準拠によると，企業の最初のIFRS財務諸表には，少なくとも3つの財政状態計算書，2つの純損益とその他の包括利益計算書，2つの分離した損益計算書（表示する場合），2つのキャッシュ・フロー計算書，および2つの持分変動計算書ならびに関連する注記（比較情報含む）が含まれていなければならない。

企業は，IFRS開始財政状態計算書で次のことをおこなわなければならない。

(1) IFRSで認識が求められている，すべての資産および負債を認識する。

(2) IFRSが資産または負債として認識を認めていない項目は認識しない。

(3) 従来の会計原則に従って，資産，負債または資本項目の1つとして認識していた。なお，IFRSに従えば，異なる種類の資産，負債，または資本項目である

項目については，分類を変更する。

(4) 認識されたすべての資産および負債の測定にIFRSを適用する。

　企業は，従来の会計原則からIFRSへの移行が報告された財政状態，財務業績，およびキャッシュ・フローに，どのように影響したかを説明しなければならない。

　初度適用企業に対して，「過去からIFRSを適用してきたかのように財務諸表を作成しなければならない。」(新日本 [2009] 944頁) と規定している。そして，基本原則と異なる処理をおこうことを要求または容認する，多くの遡及適用禁止規定および適用免除規定がある。それらは，付録B，C，およびDに挙げられている。なお，JP-GAAPには，これに該当する基準は存在しない。

14-2. 企 業 結 合

　本基準書IFRS 3；IFRS 3 — Business Combinations『企業結合』は，報告企業が企業結合およびその影響について，財務諸表で提供する情報の目的適合性，信頼性，および比較可能性を改善することが目的である。そのために，第三本基準書は，取得企業に次のことを求めている。

(1) 財務諸表において，識別可能な取得した資産，引受けた負債，および被取得企業の非支配持分を認識し，測定する。

(2) 企業結合において取得したのれん，または格安購入益を認識し，測定する。

(3) 財務諸表の利用者が企業結合の性質および財務上の影響を評価できるようにするために，どのような情報を開示すべきかを決定する。

　企業結合とは，取得企業は1つまたは複数の事業に対する支配を獲得する取引またはその他の事象と定義される。「真の合併」あるいは「対等合併」と呼ばれることのある取引も，第三本基準書で使用されている意味での企業結合である。

14-2-0. 企業結合の識別と取得法

取得した資産と引受けた負債は事業を構成するか否か，その取引などが企業結合に該当するかどうかを判断する。すべての企業結合は，取得法を適用しなければならない（para.4）。取得法適用には，次の要件がある。

(1) 取得企業の識別

(2) 取得日の決定

(3) 識別可能な取得した資産，引受けた負債，および被取得企業の非支配持分の認識および測定

(4) のれんまたは割安購入益の認識および測定

取得企業の識別にあたっては，他の企業の対する支配が重視され，IFRS 10『連結財務諸表』の指針を適用する。それだけでは明確にならない場合には，現金または他の資産への移転，資本持分の発行，相対的規模などを考慮して決定する（IFRS 3 Identifying the acquirer B13-B18）。上記のJP-GAAPの指針に基づいて，証券を発行する企業（法律上の取得企業）が会計上被取得企業として識別されることから，「逆取得」が生じることになる。そのためには，資本持分を取得される，企業（法的な被取得企業）が会計上の取得企業でなければならない。

14-2-1. 取得した資産と負債，そして被支配持分の認識と測定

取得企業は，取得日において，のれんとは区別して，取得した識別可能な資産，引受けた負債，および被取得企業のすべての非支配持分を認識しなければならない（para.10）。取得法の適用の一部として認識の要件を満たすためには，取得日時点で，『財務諸表の作成および表示に関するフレームワーク』における資産と負債の定義を満たすものでなければならない。また，その認識の要件を満すためには，取得企業および被取得企業が企業結合取引で交換したものの一部でなければならない。すなわち，取得した識別可能な資産および引受けた負債は，別個の取引の結果ではない。取得企業が認識の原則と条件を適用することにより，被取得企業が以前の財務諸表において資産および負債として認識さ

れなかったものが，認識される場合がある (para.13)。例えば，ブランド名，特許，または顧客関係などの識別可能な無形資産を認識する。それらは，被取得企業の内部で開発され，関連する原価を費用処理していた。そのために，被取得企業の財務諸表では，資産として認識されなかったものである。

　取得企業は，取得日において，取得した識別可能な資産および引受けた負債について，取得後に他のIFRSを適用するために必要な分類または指定をおこなわなければならない (para.15)。取得企業は，取得した識別可能な資産および引受けた負債を，取得日の公正価値で測定しなければならない (para.18)。ただし，認識原則に対する例外も存在する。

14-2-2. のれんまたは割安購入益の認識と測定

　のれんは，企業結合で取得した，個別に識別される独立して認識されない他の資産から生じる将来の経済的便益を表す，資産として定義される。

　取得企業は，次の (1) が (2) を超過する額として測定した，取得日時点ののれんを認識しなければならない (para.32)。

(1) 次の合計

①本基準に従って測定した，「移転された対価」(通常は公正価値測定される)

②本基準に従って測定した，被取得企業の全ての非支配持分の金額

③段階的に達成される企業結合の場合には，取得企業が以前に保有していた被取得企業の資本持分の取得日における公正価値

(2) 本基準に従って測定した，取得した識別可能な資産および引受けた負債の取得日における純額

　ときとして (2) の金額が (1) を上回る場合がある。それを割安購入 (Bargain purchases) という。割安購入益を認識する前に，取得企業は，取得したすべての資産および引受けた負債を正しく識別しているかどうかを再検討し，当該レビューで識別したすべての追加的資産または負債を認識しなければならない。

　つぎに，取得企業は上記の (1) と (2) の項目全てにつき，第三本基準書が取得日時点で認識を求めている金額を測定するのに用いた手続きをレビューしな

ければならない。

それでもなお，(2)の金額が(1)の金額を上回る場合には，取得企業は，結果として生じた利得を取得日において純損益に認識しなければならない。当該利得は，取得企業に帰属する。なお，移転された対価は，公正価値で測定しなければならない。

14-2-3．IFRS 3 の日本への波及効果

IFRS 3に対応するJP-GAAPには，『企業結合に関する会計基準』（企業会計基準第21号），『企業結合会計基準及び事業分離等会計基準に関する適用指針』などがある。そこでは，企業結合は「『企業結合』とは，ある企業又はある企業を構成する事業と他の企業又は他の企業を構成する事業とが1つの報告単位に統合されることをいう。なお，複数の取引が1つの企業結合を構成している場合には，それらを一体として取り扱う。」と定義された。支配という用語は明記されていない。ただし，支配に基づいて取得企業を決定するなど，鍵となっている。JP-GAAPは2003年に公表され，2008年，2013年，そして2019年と改訂され，IFRS 3との大きな差異は解消されてきた。例えば，2008年改訂版で，次の2点が修正されたことが大きく寄与している。

(1) 持分プーリング法の廃止

日本では，取得企業を識別できない企業結合（対等合併）がたとえ稀でも存在する以上，そうした実態の異なる取引には異なる処理が必要である，と考えられていた。ところが，持分プーリング法は，JP-GAAPの異質性の象徴とされたため，廃止された。現在は，共同支配企業の形成および共通支配下の取引に限定される（斎藤 [2016] 238-239頁）。

(2) 負ののれんの会計処理

負ののれんの会計処理方法としては，想定される負ののれんの発生原因を特定する。その発生原因に対応した会計処理をおこなう方法や，正の値であるのれんの会計処理方法との対称性を重視し，規則的な償却をおこなう方法が考えられる（ASBJ [2019] 110項）。2003年基準では，残額については承継した資産の

取得原価の総額を調整する要素とみている。正の値であるのれんと対称的に，規則的な償却をおこなうこととしていた。

　しかし，国際的にみると，負ののれんは，発生原因が特定できないものを含む，算定上の差額として，すべて一時に利益認識することとしている。正ののれんは資産として計上されるべき要件を満たしているけれども，負ののれんは負債として計上されるべき要件を満たしていないことによる帰結，と解されていた。2008年基準では，短期コンバージェンス・プロジェクトとして国際的な会計基準の考え方を斟酌した結果，負ののれんが生じる場合には，当該負ののれんが生じた事業年度の利益として処理することに改訂された。

　しかしながら，関連テーマを含めてロングショットでみてみると，IFRS 3とJP-GAAPの間には，次のような大きな差異が存在する。

(1) 資産計上されたのれんの会計処理について

　IFRS 3には直接言及はないが，関連するテーマである，International Accounting Standard 36（以下，IAS 36と略す。）『資産の減損』も射程に入れる，と看過できない課題が存在する。JP-GAAPでは，原則として20年以内のその効果が及ぶ期間に，定額法その他の合理的な方法による規則的な償却が求められる。これに対して，IFRS 3, B63およびIAS 36, para.90は，のれんに関して償却は求めず，減損会計の適用とする。その際，のれんは，個々の資金生成単位に配分される。毎期ののれんの原則テストは，毎期同じ時期に実施する限り，事業年度中のどの時点に実施してもよい。さらに，のれんの減損損失の戻入れは，禁止されている（IAS 36, IN15）。

(2) のれんの測定方法

　IFRS 3とJP-GAAPは，測定方法が異なるので，のれんとして認識される範囲に違いが生じる。IFRS 3は，次の中からいずれかを選択できる（IFRS 3, para.19, para.32）[1]。

　(1) 非支配持分も含めた被取得企業全体を公正価値で測定し，のれんは非支配持分に帰属する部分も含めて認識する方法（全部のれん方式），

　(2) 非支配持分は，取得企業の識別可能純資産の公正価値に対する比例持分

相当額として測定し，のれんは取得企業の持分相当額についてのみ認識する方法（購入のれん方式）。

　これに対して，JP-GAAP『企業結合に関する会計基準』98項は，のれんの計上に関しては，非支配株主持分に相当する部分についても，親会社の持分について計上した額から推定した額などによって計上すべきであるとする考え方（全部のれん方式）もある。推定計算などの方法により，非支配株主持分について，のれんを計上することは問題がある。このことから，また，1997年連結原則においても，のれんの計上は有償取得に限るべきであるという立場（購入のれん方式）から，この考え方は採用されていない，と説明している。

14-3. 連結財務諸表

　IFRS 10; Consolidated Financial Statements（『連結財務諸表』と略す。）は，企業が他の起業を支配している場合の連結財務諸表の表示と作成に関する原則を定めている。その目的を満たすために次のことをおこなっている（IFRS 10, para.3）。連結財務諸表とは，親会社およびその子会社の資産，負債，資本，収益，費用，およびキャッシュ・フローを単一の経済的実体として表示する企業集団の財務諸表である。

(1) 他の企業（子会社）を支配している企業（親会社）に，連結財務諸表の作成を要求する。

(2) 支配についての原則を定義し，連結の基礎としての支配を定める。

(3) 投資者が投資先を支配していて投資先を連結しなければならないかどうかを識別するために，支配についての原則を適用する方法を示す。

(4) 連結財務諸表の作成に関する会計処理上の要求事項を示す。ここでは，企業結合の会計処理上の要求事項とそれらの連結への影響（企業結合で生じるのれん）については取扱っていない。それらはIFRS 3を参照する。

14-3-0.　支　　　配

　支配については次のように定めている (paras. 5-7)。投資者は，企業への関与の内容に拘わらず，投資先を支配しているかどうかを判定する。自らが，親会社であるかどうかを決定しなければならない。投資者は，投資先への関与により生じる変動リターンに対するエクスポージャーまたは権利を有する。かつ，投資先に対するパワーにより，当該リターンに影響を及ぼす能力を有している場合には，投資先を支配している。

　したがって，投資者は，投資者が次の各要素をすべて有している場合のみ，投資先を支配している。

(1) 投資先に対するパワー (paras. 10-14)

(2) 投資先への関与により生じる変動リターンに対するエクスポージャーまたは権利 (paras. 15-16)

(3) 投資者のリターンの額に影響を及ぼすように，投資先に対するパワーを用いる能力 (paras. 17-18)

　パワーに関しては，次のように定める (paras. 10-14)。投資者は，関連性のある活動 (投資先のリターンに重要な影響を及ぼす活動) を指図する現在の能力を与える，既存の権利を有している場合には，投資先に対するパワーを有している。パワーは権利から生じ，場合によってはその評価が単純である。例をあげると，投資先に対するパワーを株式等の資本性金融商品によって付与される議決権だけから直接的に得ているときは，その株式保有による議決権を考慮することによって評価できる場合である。一方，複数の要因を考慮することが必要な場合には，評価が複雑になる。例えば，パワーが複数の契約上の取決めから生じている場合である。関連性のある活動を指図する現在の能力を有する投資者は，その指図する権利をまだ行使していなくても，パワーを有している。

　投資者は，たとえ関連性のある活動の指図に参加する能力を与える既存の権利を他の企業が有している場合 (例えば，他の企業が重要な支配力を有している場合) であっても，投資先に対するパワーを有している場合がある。しかし，防御的

な権利のみを有している投資者は，投資先に対するパワーを有しないので，投資先に対する支配を有していない。防御的な権利は，投資先の活動の抜本的な変更に関連するか，例外的な状況でのみ適用される（IFRS 10, B26）。

　リターンに対しては次のように定める（paras.15-16）。投資者は，その関与により生じる，投資者のリターンが投資先の業績の結果によって変動する可能性がある場合，投資先への関与により生じる，変動リターンに対するエクスポージャーまたは権利を有している。投資先を支配できるのは1人の投資者のみである。ただし，複数の当事者が投資先のリターンを共有することはあり得る。例を挙げると，非支配持分の保有者は，投資先の利益または分配に参加することができる。

　パワーとリターンの関連については，次のように定める（paras.17-18）。投資者は，投資先に対するパワーおよび投資先への関与により生じる，変動リターンに対するエクスポージャーまたは権利を有するだけでない。投資先への関与により生じるリターンに影響を及ぼすように，投資先に対するパワーを有している場合に，投資先を支配している。したがって，意思決定権を有する投資者（意思決定者）は，自らが本人なのか代理人なのかを決定しなければならない。代理人となる投資者は，委任された意思決定権を行使する場合でも，投資先を支配していない。

14-3-1. 会計処理の要求事項

　親会社は，類似の状況における同様の取引および他の事象に関し，統一された会計方針を用いて，連結財務諸表を作成しなければならない。投資先の連結は，投資者が投資先に対する支配を獲得した日から開始し，投資先に対する支配を喪失した日に終了しなければならない。

　連結手続きとして，連結財務諸表では次のことをおこなう（IFRS 10, B86）。
(1) 親会社とその子会社の資産，負債，資本，収益，費用，およびキャッシュ・フローの類似項目を合算する。
(2) 親会社子会社に対する投資の帳簿価額と，各子会社の資本のうち親会社の

持分相当額を相殺消去する。

(3) グループ企業間の取引に関するグループ内の資産，負債，資本，収益，費用，ならびにキャッシュ・フローを全額相殺する。グループ内の損失は，連結財務諸表での認識が必要な減損を示している場合がある。

　統一的な会計方針が要求される。あるグループ企業が，類似の状況での同様の取引および事象について，連結財務諸表で採用した以外の会計方針を使用できる。その場合には，企業集団の会計方針の合致を確保するために，そのグループ企業の財務諸表に適切な修正をおこう。

　子会社に対する持分のうち，親会社に直接または間接に帰属しないものを非支配者持分という。親会社は，連結財政状態計算書において，非支配持分を資本の中で，親会社の所有者の持分と区別して表示しなければならない。親会社の子会社に対する所有持分の変動のうち，親会社の会社に対する支配の喪失とならないものは，資本取引（すなわち，所有者としての立場での所有者との取引）である（paras.22-23）。

　企業は，純損益およびその他の包括利益の各内訳項目を，親会社の所有者と非支配持分に帰属しなければならない。企業は，たとえ非支配持分が負の残高になるとしても，包括利益の総額を親会社の所有者と非支配持分に帰属させなければならない（IFRS 10, B94）。

　非支配持分が保有している，持分の割合が変動した場合には，企業は子会社に対する相対的持分の変動額を反映する。そのために，支配持分と非支配持分の帳簿価額を修正しなければならない。企業は，非支配持分の修正額と支払対価または受取対価の公正価値との差額を資本に直接認識し，親会社の所有者に帰属させなければならない（IFRS 10, B96）。

　支配の喪失に関して，以下のように定めている（paras.25-26）。親会社が子会社に対する支配を喪失した場合には，親会社は次のことをおこなう。

(1) 連結財政状態計算書において旧子会社の資産および負債の認識の中止をおこなう。

(2) 旧子会社に対して保持している持分を支配喪失時の公正価値で認識する。

その後は，当該持分および旧子会社との債権債務を，関連するIFRSに従って会計処理する。その公正価値は，IFRS 9に従った金融資産の当初認識の公正価値となる。または，該当がある場合には，関連会社または共同支配会社に対する投資の当初認識時の原価とみなされなければならない。

(c) 従前の支配持分に帰属する，支配の喪失に関連した利得または損失を認識する。

14-3-2. IFRS10の日本基準への波及効果

以前のIAS 27：Consolidated and Separate Financial Statements『連結財務諸表』は，日本基準『連結財務諸表に関する会計基準』との差異は比較的小さなものであった。ところが，2011年にIFRS 10が公表され，状況は大きく異なった。

大きな論点が，親会社説と経済的単一体説という立脚する連結基礎概念の違いである[2]。日本基準は，従来，親会社説に立脚していた[3]。しかし，国際的な会計基準が経済的単一体説を採用しているため，日本基準もこれと整合した会計処理の適用範囲が徐々に拡大した (桜井 [2019] 330頁)。あくまでも，親会社説に分類されるものである。これに対して，IFRS 10は経済的単一体説に立脚する。そのため，日本基準は，株主資本以外の純資産として表示する。ところが，IFRS 10では，非支配持分が資本に含められる。親会社説は，連結財務諸表の資本に親会社の「株主持分」のみを反映する。これに対し，経済的単一体説は，企業集団全体の視点から，連結財務諸表の資本がすべての連結会社の株主資本を反映させる (上野 [2013] 235頁)。非支配持分の損益表示についても，日本基準は，当期純利益から控除して表示される。これに対し，IFRS 10では，非支配持分に帰属する損益も純利益と包括利益に含まれる。企業と非支配持分との取引についても，日本基準は損益取引として取扱う。ところが，IFRS 10は，資本取引として扱う。

つぎに，連結範囲の面から検討する。日本基準では，支配力基準で子会社が判定される (徳前 [2003])。他の企業の意思決定機関を支配している場合は子会

社と判定され，持株比率，取締役会の構成，資金調達比率などが挙げられている (6項)。これに対し，IFRS 10では，支配原則とすることは同じであるが，それをパワーとリターンとの関連で判定する。ここでは，親会社が議決権株式の過半数を有しているかどうかは，パワーとリターンの判定をおこなう一要素にすぎない (上野 [2013] 237頁)。また，当該差異が，親会社と子会社の認識の離齬を引起こしている，と指摘する論者もいる (溝口聖規 [最終閲覧日：2019])。

　また，日本基準の連結範囲の作成には例外規定がある。原則的には，すべての子会社を連結すべき，といいえる。ところが，支配が一時的であると認められる企業や，それ以外であっても連結することによって，利害関係者の判断を著しく誤らせる恐れがある企業については，連結の範囲に含めないとされている (14項)。IFRS 10には，例外規定が存在しない。

14-4.　本書の到達点・解釈

　従来のIFRSの会計の特徴には，従来のJP-GAAPとは大きな差異が生じていた。しかし，国際化・金融化の流れの中で，JP-GAAPの改訂が進められ，多くの部分で同等の評価を受けるに至った。これは，IFRSをそのまま受入れるのではなく，IFRSの思考をJP-GAAPが受入れ，自ら変革を成し遂げた「波及効果」とみなされるべきであろう。

　IFRSとJP-GAAP双方の動きの中で，会計基準を学ぶことで，現在の経営意思決定に必要な会計情報の質と，その情報の作成方法がどの様なものであるのかを学んだ。会計学のテキストの多くは，JP-GAAPを解説する。それは，日本国内でしか利用できない場合が多い。IFRSの会計基準を学ぶことは，会計を複眼で見ることで，より立体的・効率的に学ぶことができるであろう。

　原則的と特徴づけられるIFRSの会計基準は，概念的な説明に終始するものが多い。ところが，本書はそこにある会計処理の規定に計算例をあげ，練習問題までおこなうことで，より実践的な知とすることを意図している。

14-5. Check Point

＊企業結合と連結財務諸表の作成に係わるIFRSの考え方が，理解できるようになる。

＊企業結合に関する取得の概念を理解し，会計処理が，イメージできるようになる。

＊連結財務諸表が立脚する，経済的単一体説を理解できるようになる。

＊子会社に対して，親会社は，どのような手段で支配をするのかを考えられるようになる。

＊のれんの取扱いをめぐるIFRSと日本基準の差異が，説明できるようになる。

注釈

（1） IASBは，原則として，取得企業が企業結合のすべての構成要素を測定しなければならないという結論を下した。これには，被取得企業のすべての非支配持分を取得日の公正価値で測定することも含まれる。しかし，改訂後IFRS第3号は，取得企業に対して被取得企業の非支配持分を公正価値で測定するか，被取得企業の識別可能な純資産に対する被支配持分の比例的な取分で測定するかの，選択を許容している（IFRS 3, BC209）。

（2） 親会社説のもとでは，連結財務諸表が親会社の株主のために作成されるものとして位置付けられる。したがって，会計上の判断も親会社の株主の観点からおこなわれる（桜井［2019］p.329）。これに対し，経済的単一体説は，連結財務諸表が支配株主たる親会社と非支配株主の両方を含めた企業集団の利害関係者のために作成される，と解釈する。会計上の判断も，企業集団全体の出資者の観点からおこなう。

（3） 平成9年連結原則では…従来どおり親会社説の考え方による。これは，連結財務諸表が提供する情報が主として親会社の投資者を対象とするものである，と考えられる。それとともに，親会社説による処理方法が，企業集団の経営を巡る現実感覚をヨリ適切に反映する，と考えられることによる（51項）。

引用文献

（1） 溝口聖規［最終閲覧日：2019］：「ヤフーはアスクルの親会社？会計基準でずれる『親子認識』」『日本経済新聞』website
https://www.nikkei.com/article/DGXMZO48701460Z10C19A8I00000/。

（2）　桜井久勝［2019］：『財務会計講義〈第20版〉』中央経済社。

（3）　斎藤静樹［2016］：『企業会計入門…考えて学ぶ…［補訂版］』有斐閣。

（4）　新日本有限責任監査法人［2009］：『完全比較　国際会計基準と日本基準』LexisNexis。

（5）　徳前元信［2003］：「連結会計における支配の推定」『JICPAジャーナル』第15巻第1号。

（6）　上野雅史［2013］：「企業集団と財務諸表　6-2連結財務諸表」平松一夫監修『IFRS国際会計基準の基礎第3版』中央経済社。

（7）　山内暁［2015］：「企業結合プロジェクト」辻山栄子編著『IFRSの会計思考』中央経済社。

参　考　文　献

(1) 秋葉賢一[2018]：『エッセンシャルIFRS 第6版』中央経済社。

(2) ASBJ[2008]：企業会計基準第9号『棚卸資産の評価に関する会計基準』企業会計基準委員会。

(3) ASBJ[2010]：企業会計基準公開草案第43号『公正価値測定及びその開示に関する会計基準（案）』企業会計基準委員会。

(4) ASBJ[2011]：企業会計基準第20号『賃貸等不動産の時価等の開示に関する会計基準』企業会計基準委員会。

(5) ASBJ[2013]：企業会計基準第21号『企業結合に関する会計基準』企業会計基準委員会。

(6) ASBJ[2018]：企業会計基準第29号『収益認識に関する会計基準』企業会計基準委員会。

(7) ASBJ[2018]：企業会計基準適用指針第30号『収益認識に関する会計基準の適用指針』企業会計基準委員会。

(8) ASBJ[2019]：企業会計基準第10号『金融商品に関する会計基準』企業会計基準委員会。

(9) ASBJ[2019]：企業会計基準適用指針第26号『繰延税金資産の回収可能性に関する適用指針』企業会計基準委員会。

(10) ASBJ[2019]：企業会計基準第21号『企業結合に関する会計基準』企業会計基準委員会。

(11) ASBJ[最終閲覧日：2019]：https://www.asb.or.jp/jp 企業会計基準委員会。

(12) ASBJ[最終閲覧日：2020]：
　　 https://www.asb.or.jp/jp/accounting_standards/accounting_standards.html 企業会計基準委員会。

(13) ASBJ・FASF監訳[2018]：IFRS財団編『IFRS基準』中央経済社。

(14) あずさ監査法人編[2016]：『詳細解説IFRS実務適用ガイドブック 第2版』中央経済社。

(15) BAC [2002]：『固定資産の減損に係る会計基準』企業会計審議会。

(16) 中央青山監査法人[2004]：『国際財務報告基準ハンドブック』中央経済社。

(17) デロイトトーマツ[最終閲覧日：2019]：
　　 https://www.deloitte.com/jp/ja/pages/finance/articles/ifrs/ifrs-general-2.html。

(18) EY Japan〔最終閲覧日：2019〕：

        https：//www.eyjapan.jp/services/assurance/ifrs/issue/ifrs-others/other/

        pdf/ifrs-global-trend-2015-02-01.pdf。

(19) 藤井秀樹〔2019〕：『入門財務会計 第3版』中央経済社。

(20) 橋本尚・山田義隆〔2010〕：『IFRS会計学実践テキスト』中央経済社。

(21) 橋本尚編著〔2015〕：『利用者指向の国際財務報告』同文舘出版。

(22) 橋本尚・山田善隆著〔2015〕：『IFRS会計学テキスト 第4版』中央経済社。

(23) 平松一夫監〔2018〕：『IFRS国際会計基準の基礎 第5版』中央経済社。

(24) 平野智久著〔2018〕：『ケーススタディ財務会計』新世社。

(25) IASB〔1992〕：*IAS7(revised)，Cash Flow Statements.*

(26) IASB〔2001〕：*IAS 20, Accounting for Government Grants and Disclosure of Government Assistance.*

(27) IASB〔2001〕：*IAS 37, Provisions, Contingent Liabilities and Contingent Assets.*

(28) IASB〔2004〕：*IFRS 6, Exploration for and Evaluation of Mineral Resources.*

(29) IASB〔2008〕：*IAS 36, Impairment of Assets.*

(30) IASB〔2010〕：*Financial Statement Presentation,* Staff Draft of Exposure Draft IFRS X.

(31) IASB〔2011〕：*IFRS 13, Fair Value Measurement.*

(32) IASB〔2014〕：*IAS 1, Presentation of Financial Statements.*

(33) IASB〔2014〕：*IFRS 5, Non-current Assets Held for Sale and Discontinued Operations.*

(34) IASB〔2014〕：*IFRS 7, Financial Instruments: Disclosures.*

(35) IASB〔2014〕：*IFRS 9, Financial Instruments.*

(36) IASB〔2014〕：*IAS 16, Property, Plant and Equipment.*

(37) IASB〔2014〕：*IAS 38, Intangible Assets.*

(38) IASB〔2016〕：*IAS 12, Income Taxes.*

(39) IASB〔2016〕：*IFRS 16, Leases.*

(40) IASB〔2016〕：*IAS 40, Investment Property.*

(41) IASB〔2017〕：*IFRS 3, Business Combinations.*

(42) IASB〔2017〕：*IAS 23, Borrowing Costs.*

(43) IFRS[最終閲覧日：2020]：IFRS Standards https://www.ifrs.org/issued-standards/
　　 list-of-standards/。

(44) IFRS財団編[2019]：『IFRS基準〈注釈付き〉2019』中央経済社。

(45) 井上定子[2009]：「外貨換算会計」菊谷正人編著『IFRS・IAS徹底解説―計算例と仕訳例
　　 でわかる国際会計基準』税務経理協会。

(46) 石井淳治[2015]：『複式簿記のサイエンス〔増補改訂版〕―簿記とは何であり，何であり
　　 うるか―』税務経理協会。

(47) 伊藤邦雄[2018]：『新・現代会計入門』日本経済新聞出版。

(48) 岩崎勇編著[2019]：『IASBの概念フレームワーク』税務経理協会。

(49) 鎌田信夫[2006]：『キャッシュ・フロー会計の原理 新版第2版』税務経理協会。

(50) 鎌田信夫[2017]：『キャッシュフロー会計の軌跡』森山書店。

(51) 菊谷正人編[2014]：『IFRSにおける資産会計の総合的検討』税務経理協会。

(52) 菊谷正人[2016]：『国際会計の展開と展望－多国籍企業会計とIFRS－』創成社。

(53) 経理プラス[最終閲覧日：2019]：https://keiriplus.jp/。

(54) 古賀智敏・鈴木一水・國部克彦[2010]：『国際会計基準と日本の会計実務 三訂版』同文舘
　　 出版。

(55) 小西範幸[2004]：『キャッシュフロー会計の枠組み―包括的業績報告システムの構築―』
　　 岡山大学経済学研究叢書 第31冊。

(56) 三優監査法人[2010]：『IFRS国際会計基準の実務対応―実践的対応から経営インパクト
　　 まで―』税務経理協会。

(57) 日本公認会計士協会[2012]：監査・保証実務委員会実務指針第81号『減価償却に関する
　　 当面の監査上の取扱い』。

(58) 岡部勝成[2010]：『キャッシュ・フロー会計情報と企業価値評価―九州地区の中小企業を
　　 めぐる実証分析―』税務経理協会。

(59) 乙政正太[2019]：『財務諸表分析 第3版』同文舘出版。

(60) 王昱[最終閲覧日：2019]：「コンバージェンスとアドプションをめぐる中国の対応」『国
　　 際会計研究会年報2008年度』。

(61) 桜井久勝編著[2013]：『テキスト　国際会計基準 第6版』白桃書房。

(62) 桜井久勝編著[2018]:『テキスト国際会計基準』白桃書房。

(63) 佐藤倫正[2001]:『資金会計論』白桃書房。

(64) 斎藤静樹[2019]:『会計基準の研究 新訂版』中央経済社。

(65) 正司素子[2012]:『IFRSと日本的経営 何が本当の課題なのか』清文社。

(66) 新日本監査法人編著[2016]:『完全比較 国際会計基準と日本基準 第3版』清文社。

(67) 田中弘他著[2016]:『国際会計基準を学ぶ 第2版』税務経理協会。

(68) 徳前元信[1999]:「日本型連結経営と会計規制」『会計理論学会年報』第13号。

(69) 豊岡博[2014]:「キャッシュ・フロー計算書の基本財務諸表化の意味」『會計』第186巻第5号。

(70) 上野清貴[2001]:『キャッシュ・フロー会計論』創成社。

(71) 氏原茂樹・徳前元信・吉岡正道編著[2013]:『会計学 第3版』森山書店。

(72) 山田辰巳・有限責任あずさ監査法人[2019]:『論点で学ぶ国際財務報告基準(IFRS)』新世社。

(73) 山田辰巳[2017]:『適格な実務判断を可能にするIFRSの本質』税務経理協会。

(74) 山田辰巳[2017]:『IFRSの本質 第Ⅰ巻・第Ⅱ巻』税務経理協会。

(75) 若林公美[2018]:「外国為替レート変動の影響」桜井久勝編著[2018]『テキスト国際会計基準』白桃書房 99-108頁。

(76) 若杉明[2017]:「資産負債観と収益費用観, その背景にあるもの―財務情報の信憑性と実態開示―」LEC会計大学院紀要第14号。

【執筆者紹介】

吉 岡 正 道（よしおか　まさみち）　東京理科大学経営学部 嘱託教授：序章 第 8 章担当

〔研究テーマ〕資産会計
〔主要な業績〕
『会計学　第 3 版』編著 森山書店（2013 年）
『固定資産評価論 - フランス資産評価基準を基軸として -』森山書店（2010 年）
『フランス会計原則の史的展開 - 基本原則の確立と変遷 -』森山書店（2005 年）

原 田 雄 一 郎（はらだ・ゆういちろう）ハッピーサイエンスユニバーシティ経営成功学部 非常勤講師：第 1 章担当

〔研究テーマ〕管理会計 企業価値評価モデル
〔主要な業績〕
「企業価値評価モデルの有用性に関する実証的研究 ―条件に適応した有用性を目指して―」『修士論文（東京理科大学大学院）』
第 67 号（2002 年）

大 野 智 弘（おおの　ともひろ）　創価女子短期大学・国際ビジネス学科 教授：第 2 章担当

〔研究テーマ〕資産評価論
〔主要な業績〕
『ニューステップアップ簿記』編著 創成社（2019 年）
『財務会計の現状と展望』共著 白桃書房（2014 年）
‘Impact of Impairment Accounting on Company Behavior; Questionnaire Research Studies on Impairment Accounting in
2009’ 共著 『国際会計研究学会年報』2010 年度（2011 年）

島 崎 杉 雄（しまざき　すぎお）国士舘大学経営学部 講師：第 3 章担当

〔研究テーマ〕のれん 経済的利益
〔主要な業績〕
『日本簿記学説の歴史探訪』共著 創成社（2019 年）
「のれん減損に関する先行研究の整理」『経営論叢』第 9 巻第 1 号（2019 年）
「のれんと経済的利益の関係―Canning による差額説を手掛かりとして―」『産業経理』第 78 巻第 3 号（2018 年）

岡 部 勝 成（おかべ　かつよし）九州共立大学経済学部 教授：第 4 章担当

〔研究テーマ〕中小企業のキャッシュ・フロー会計
〔主要な業績〕
『税法学・税務会計論の論点―租税論を踏まえての現代税現象の解明―』共著 五絃舎（2019 年）
『簿記の理論学説と計算構造』共著 中央経済社（2019 年）
『中小企業の会計監査制度の探究―特別目的の財務諸表に対する保証業務』共著 同文舘（2017 年）

仁 木 め ぐ み（にき　めぐみ）株式会社ジーエス・ユアサフィールディングス

〔研究テーマ〕経営活動の統計学的分析
〔主要な業績〕
「営業データ分析ツールの導入時における『利用者によって要望される情報』と『システムによって提供できる情報』の齟齬」『産
業経理』第 79 巻 第 3 号（2019 年）
「棚卸資産会計における表示区分―棚卸資産の評価損を売上原価に表示する論拠―」共著『日本簿記学会年報』第 26 号（2011 年）

内 藤 高 雄（ないとう　たかお）杏林大学総合政策学部 教授：第 6 章担当

〔研究テーマ〕会計学
〔主要な業績〕
「1948 年パリ国際会計会議とフランス会計標準化思考」『杏林社会科学研究』第 31 巻 第 2 号（2015 年）
「フランスにおける会計標準化の手段 :IFRS とプラン・コンタブルを巡って」『経済研究』第 198 号（2012 年）
『フランスにおける会計標準化の研究』東京経済情報出版（2010 年）

梅 田 勝 利（うめだ　かつとし）九州共立大学経済学部 教授：第7章担当
〔研究テーマ〕非営利組織の財務報告の役割と財務管理の展開
〔主要な業績〕
『税法学・税務会計論の論点―租税論を踏まえての現代税現象の解明―』共著 五絃舎（2019年）
『税務会計論』共著 五絃舎（2015年）
「金融危機における財務諸表の表示の有用性に関する一考察」『産業經理』第70巻　第3号（2010年）

曽 場 七 恵（そば　ななえ）：名古屋学院大学商学部 講師：第9章担当
〔研究テーマ〕国際公会計
〔主要な業績〕
「公会計制度の改革－フランス LOLF 改革10年の検討－」『名古屋学院大学論集社会科学篇』第54巻 第1号（2017年）
「フランス行財政改革と公会計－新しい情報システムを中心として－」『公会計研究』第15巻 第2号（2014年）
「フランス地方自治体における公会計改革とその意味」『公会計研究』第14巻 第1号（2012年）

永 岩 尊 暢（ながいわ　たかのぶ）：大月市立大月短期大学経済科　教授：第10章担当
〔研究テーマ〕会計教育方法論
〔主要な業績〕
『会計学（第3版）』共著 森山書店　（2018年）
『財務会計通論』共著 創成社　（2013年）
『基本簿記会計』共著 税務経理協会　（1999年）

野 口 教 子（のぐち　のりこ）：高岡法科大学法学部 教授：第11章担当
〔研究テーマ〕収益会計と税法（ポイント会計制度）
〔主要な業績〕
「新収益認識基準が法人税務に与える影響－カスタマー・ロイヤリティ・プログラムを中心に－」『高岡法学』第37号（2019年）
「災害支援税制の現状と課題」『税理』第62巻 第12号（2019年）
「企業会計の国際化と法人税法の対応－企業会計基準第29号と法人税法第22条の2の関係－」『税理』第61巻 第14号（2018年）

柴 崎 陽 平（しばさき　ようへい）：有限責任 あずさ監査法人アカウンティング・アドバイザリー・サービス事業部 マネジャー　公認会計士：第12章担当
〔主要な業績〕
「素材産業の会計実務（業種別アカウンティング・シリーズ II）」中央経済社（2012年）

若 林 恒 行（わかばやし　つねゆき）若林税理士法人代表社員　税理士　：第13章担当
〔主要な業績〕
『3つの視点で会社がわかる「有報」の読み方』共著 中央経済社（2013年）

徳 前 元 信（とくまえ　もとのぶ）福井県立大学経済学部 教授：終章担当
〔研究テーマ〕会計学
〔主要な業績〕
「財務会計の managerialisation とその課題：管理会計との関係性から考える」『會計』第194巻 第4号（2018年）
「複式簿記の基礎的考察：会計と簿記の関係性から」『會計』第192巻 第3号（2017年）
『経済成長の幻想 ‐ 新しい経済社会に向けて ‐ 』共著 創成社（2015年）

IFRSを紐解く
<ruby>紐<rt>ひも</rt></ruby><ruby>解<rt>と</rt></ruby>く

2021年3月22日　初版第1刷発行

著者代表　©吉　岡　正　道

発　行　者　菅　田　直　文

発　行　所　有限
　　　　　　会社　森山書店　　東京都千代田区神田司町2-17
　　　　　　　　　　　　　　　上田司町ビル（〒101-0048）
　　　　　TEL 03-3293-7061 FAX 03-3293-7063　振替口座 00180-9-32919

落丁・乱丁本は交換します　　　印刷/製本・ライトラボ，シナノ書籍印刷

ISBN 978-4-8394-2184-7